AF205053

Marlene Mercury

Das gaaanz langsame Aufstehen der Frauen

Essay

Verlag und Druck:
tredition GmbH
Halenreie 40-44
22359 Hamburg

978-3-347-15501-5 (Paperback)
978-3-347-15502-2 (Hardcover)
978-3-347-15503-9 (e-Book)

Bibliografische Information der Deutschen Nationalbibliothek:
Die Deutsche Nationalbibliothek verzeichnet diese Publikation in der Deutschen Nationalbibliografie; detaillierte bibliografische Daten sind im Internet über http://dnb.d-nb.de abrufbar.

Inhalt

Nicht weil es unerreichbar ist, wagen wir es nicht, sondern weil wir es nicht wagen, ist es unerreichbar.

Seneca

Einleitung

Warum dieses Essay? Wir Frauen haben doch schon so viel erreicht, verglichen mit früheren Zeiten, die wir uns nicht einmal mehr vorstellen wollen ... Das ist völlig richtig. Aber wir sind immer noch auf dem Weg, wir sind immer noch nicht angekommen.

Sind wir Frauen maßlos? Aus Sicht mancher Männer – und auch mancher Frauen – sicherlich. Immer noch werden die alten Vorurteile von der angeblich naturgegebenen Ordnung zwischen den Geschlechtern wiederholt. Aber man sollte sich doch einmal in der Natur umsehen, die nur Dinge entwickelt, die ihrem Fortbestand dienen und dabei eine ungeheure Mannigfaltigkeit an Formen hervorbringt. Die Entwicklung hört nicht auf, alles ist in Bewegung. Was gut ist, wird gefördert, was schlecht ist, wird verändert oder verschwindet wieder. Warum glauben manche Menschen, dass das für sie nicht gilt? Dass alles so bleiben muss, wie es *immer* war?

Im Prinzip verfährt die Menschheit genauso wie die Natur. Der Unterschied ist, dass nicht die Natur schaltet und waltet, sondern dass der Mensch selbst steuern kann und es aufgrund seiner geistigen Freiheit auch muss. Die Determinierung durch die Instinkte ist weitestgehend aufgehoben. Der Mensch kann sogar in die natürliche Entwicklung eingreifen und zum Beispiel Tiere und Pflanzen züchten, die normalerweise nicht vorkommen. Diese geistigen Möglichkeiten sind Glück und Unglück zugleich. Es gibt keine Hemmungen und keine Schranken mehr außer denjenigen, die sich der Mensch selbst auferlegt.

Die Menschheitsgeschichte ist somit voll von großartigen Taten und Erfindungen, die das Leben immer angenehmer und sicherer machen, aber auch voll von Brutalitäten und Grausamkeiten, die sich die Menschen gegenseitig zufügen. Der Mensch hat die Freiheit des Handelns und muss für die Folgen selber einstehen. Insofern ist die Menschheitsgeschichte auch eine der Machtausübung, Unterdrückung und Gewalt, deren Folgen zu großem Leid geführt haben. Der Gedanke der Humanität ist dadurch entstanden: Durch das eigene Handeln soll anderen kein Leid entstehen. Wie schwierig dies alles zu verwirklichen ist, zeigt allein – als Beispiel – die Geschichte Europas in den letzten 100 Jahren.

Was sich im Großen abspielt, gilt aber auch im Kleinen zwischen den Menschen. Auch hier spielt Macht eine große Rolle. Wer Macht hat, kann über andere verfügen, kann anderen etwas wegnehmen, sich bereichern und muss sich weniger Beschränkungen unterwerfen. Man kann darüber philosophieren, warum der Mensch so geartet ist. In der Natur gibt es genügend Beispiele des friedlichen Zusammenlebens zum gegenseitigen Nutzen – man denke nur einmal an die Perfektion eines intakten Ökosystems. Beim Menschen ist das leider nicht gelungen. Die geistige Freiheit gibt den Menschen alle Möglichkeiten, auch die, sich gegenseitig auszurotten. Der *Welt* ist das egal. Die Erde wird sich weiter um die Sonne drehen und die Natur wird weiterhin auf ihre Weise schalten und walten. Es geht also in der menschlichen Existenz darum, das zu tun, was die Natur ohnehin kann, nur jetzt aufgrund eigener Überlegungen und Entscheidungen: nämlich ein gutes Leben für alle zu gestalten und nicht auf Kosten anderer.

Wie wenig das gelingt, kann man sich täglich ansehen. Man ist Mitspieler, Teilnehmer, gehört zu den Gewinnern oder den Verlierern, merkt, wie wenig einem die geistige Freiheit tatsächlich nutzt, und sucht die Ursachen dafür nicht bei sich, sondern woanders. Man hält seine Lebenszeit in Händen, hätte die Freiheit, sie gut zu gestalten, und nutzt diese Freiheit viel zu oft zum eigenen Schaden oder zum Schaden anderer.

Warum ist das so? Die geistige Freiheit, die das Denkvermögen beinhaltet, liefert uns Menschen nicht automatisch die Lebensklugheit mit; das ist uns als Aufgabe geblieben. Man kann zwar alles machen, aber was ist das für einen selbst Richtige und Gute, sodass es anderen durch das eigene Handeln nicht schlecht ergeht? Diesen Ausgleich zu schaffen, ist die Aufgabe jedes einzelnen Menschen. Der Staat und seine Institutionen übernehmen dabei die Aufgabe, die früher die Stammestraditionen erfüllten und sorgen für einen

Rahmen, der es jedem ermöglicht, sein Leben so frei wie möglich zu gestalten.

Der Rahmen setzt einerseits notwendige Grenzen und beschränkt diese Freiheit, schafft dadurch aber auch einen Freiraum, in dem sich jeder individuell entfalten kann. Die Grenze von Freiheit und Beschränkung, dort, wo die beiden aufeinandertreffen, ist ein Ort ständiger Verhandlungen zwischen gewünschter Freiheit und notwendiger Beschränkung. Die Menschheit hat sich dieses System über viele Generationen hinweg geschaffen. Die meisten Menschen von heute sind überzeugt, dass die liberale Demokratie, die offene Gesellschaft, ein Maximum an Freiheit und Sicherheit bietet, wenn sie auch noch nicht überall verwirklicht ist.

Warum dieser weitschweifige Ausflug in die Geschichte der Freiheit, wenn es doch um die Frauenrolle geht? Eben deshalb. Man tut so, als ob alle Menschen gleich wären, als ob der gesellschaftliche Ausgleich für beide Geschlechter gleichermaßen realisiert sei. Dies ist aber tatsächlich nicht der Fall. Man spricht zum Beispiel vom *Menschenhandel*, es geht aber um *Frauenhandel*. Man spricht von *Zwangsprostitution*, es geht aber darum, dass Frauen von Männern gezwungen werden, sich zu prostituieren. Man spricht von *häuslicher Gewalt*, aber eigentlich ist es Gewalt von Männern gegen Frauen und Kinder. Man spricht von *sexuellem Missbrauch*, aber es werden im Wesentlichen Kinder und Frauen von Männern missbraucht. Man spricht von *Pädophilie*, aber auch hier geht es im Wesentlichen um männliche Pädophile. Natürlich sind Frauen nicht die besseren Menschen und auch bei Frauen ist Gewalt zu finden. Gäbe es aber nur so wenige gewalttätige Männer wie Frauen, wäre Gewalt kein durchgängiges gesellschaftliches Problem mehr.

Bereits die offizielle Wortwahl zeigt also die Schieflage, um die es geht. Aber wer bestimmt diese Wortwahl? Sicher nicht die Frauen, denen es eigentlich zustünde, wenn sie denn die Macht dazu hätten. Bereits die Tatsache, dass Männergewalt immer noch in großem Umfang stattfindet, zeigt, dass die Gesellschaft bei Weitem noch nicht die Gleichwertigkeit der beiden Geschlechter verwirklicht hat. Wer also bestimmt die Themen in Politik und Gesellschaft? Wiederum nicht die Frauen, jedenfalls nicht im gleichen Umfang wie die Männer, sonst wäre Gewalt gegen Frauen und Kinder ein wesentlich gewichtigeres Thema, etwa so, wie Tier- oder Naturschutz.

Mir geht es darum, diese Dinge beim Namen zu nennen und darauf hinzuwirken, nicht nachzulassen, wenn es um den gesellschaftlichen Fortschritt, die Frauen betreffend, geht. Wie oben angedeutet, hat der Mensch die Freiheit des Handelns, und wie die Geschichte zeigt, ist er auch in der Lage, als richtig Erkanntes in entsprechendes Handeln umzusetzen. Das Verhältnis der Geschlechter gehört hier genauso dazu wie die Geschichte der Sklavenbefreiung. – Dieser Vergleich ist nicht zufällig gewählt. Es geht hier letztendlich um die freie Selbstbestimmung der Frau, die noch nicht in dem Maße verwirklicht ist, wie es einer tatsächlichen Gleichstellung entsprechen würde. Man muss hier unterscheiden zwischen den offiziellen Regelungen, also den gesetzlich garantierten Rahmenbedingungen, und der Wirklichkeit: Frauen dürfen im Prinzip alles, was die Männer dürfen, es ist schließlich durch die Verfassung garantiert, aber tatsächlich sind sie in der Öffentlichkeit unterrepräsentiert. An den Schaltstellen der Macht und bei der Vermögensverteilung haben sie das Nachsehen, von wenigen Ausnahmen abgesehen. Unabhängigkeit und Eigentum sind in unserer Gesellschaft jedoch die Garanten der freien Selbstbestimmung. Das ist letztendlich das Thema dieses Essays.

Die Frauenrolle wird seit Jahrhunderten durch die Abhängigkeit von den biologischen Gegebenheiten bestimmt. Das Gebären und Aufziehen der Folgegeneration waren früher hochriskant und bedurften des Schutzes durch die Gesellschaft. Frauen wurden dabei aber auf diese Eigenschaft reduziert, ihnen wurde gar jede Art von intellektueller Fähigkeit abgesprochen – und zwar von den Männern. Dass dem nicht so ist, wurde erst in den letzten 50 Jahren wirklich realisiert, dank des engagierten Einsatzes der Frauenbewegungen aller Länder und einiger besonders starker Frauen, die sich nicht einschüchtern ließen. Die Umsetzung dieser Erkenntnis lässt jedoch noch erheblich zu wünschen übrig.

Der Widerstand der Männer, Teile ihrer Macht und ihres Vermögens abzugeben, ist unübersehbar. Die seit endlosen Zeiten bestehenden Privilegien des Mannes auf ein selbstbestimmtes Leben und einer von ihm abhängigen Frau, die für die Familie zuständig ist, werden zäh und verbissen verteidigt. Das Patriarchat ist immer noch lebendig. Männergewalt gegen Frauen zeigt dies überdeutlich an. Frauen sollen eingeschüchtert werden, sie sollen sich nicht trauen, auf Selbstbestimmung zu pochen und ihre Rechte einzufordern. Unter Gewalt ist dabei nicht allein die körperliche zu verstehen. Sie besteht auch im lauten und aggressiven Auftreten der Männer mit dem Ziel, Frauen zu entmutigen. Auf diese Weise soll ihnen zu verstehen gegeben werden, dass jeder Versuch, etwas ändern zu wollen, vergeblich ist oder gar zu größeren Nachteilen führen wird. Wenn Kinder geschützt werden müssen, führt dies nicht selten aus Angst um sie zur völligen Handlungslähmung. Die Rechtsprechung unterstützt diese Schieflage leider immer noch: Frauen stehen schnell am Pranger, ihre Glaubwürdigkeit wird immer noch gerne in Zweifel gezogen – schließlich wird ein Mann von einer Frau beschuldigt! Eine Frau kann dann schnell zum zweiten Mal Opfer werden.

Männergewalt findet deshalb sehr oft in der Anonymität statt und wird aus diesem Grund in der Öffentlichkeit eher als Randproblem wahrgenommen. Tatsächlich ist das mit eine Ursache, warum die Verwirklichung der Gleichberechtigung ins Stocken geraten ist. Die Angst vor der männlichen Dominanz und der Gewaltausübung hindert viele Frauen nach wie vor daran, offen für ihre Rechte einzutreten. Kinder und Familie stellen dagegen eine Art Nische dar, in der man sein Frauenleben einigermaßen geschützt leben kann, aber sehr oft unter den gleichen Vorzeichen wie die Vorgängergenerationen, in wirtschaftlicher Abhängigkeit und unter Aufgabe eines individuellen Daseins.

Wenn man den gesellschaftlichen Fortschritt möchte, muss sich auch hier etwas ändern, dann müssen die Frauen im Verbund mit den einsichtigen Männern weiter um ihr gleichberechtigtes Dasein kämpfen.

Die Geschichte zeigt, dass die Menschheit in der Lage ist, sich permanent vom Guten zum Besseren zu entwickeln. Es geht darum, dass jede Generation sich dies zum Ziel setzt, denn – auch das zeigt die Geschichte – ein Rückfall in schlechtere Verhältnisse ist ebenfalls möglich. Man kann sich nicht darauf verlassen, dass alles von selbst besser wird.

In diesem Sinne ist dieses Essay keine Kampfschrift gegen die Männer, sein Ziel ist vielmehr, denkende Menschen dafür zu sensibilisieren, dass noch vieles verbessert werden muss und es an jedem Einzelnen liegt, dabei mitzuwirken. Es geht darum, dass endlich der Anteil der Frauen im öffentlichen Leben genauso groß ist wie in der Gesellschaft. Der paritätische Anteil der Frauen in allen Bereichen der gesellschaftlichen Wirklichkeit, insbesondere an den Schaltstellen der Macht, würde vieles zum Besseren wenden. Denn die Frauen nehmen die Welt anders wahr: Das *Du* hat den gleichen Stellenwert wie das *Ich*.

These

Ich habe viel gelesen, nachgedacht, und jetzt möchte alles wieder heraus, es ist quasi verdaut und etwas Eigenes daraus geworden. Es hat sich eine Menge an Gedankenschnipseln, kurzen Zusammenhängen, Querverbindungen angestaut. Die Meinung der Autoren und meine Gedanken hierzu ergeben eine Vielgestaltigkeit, die nach einer ordnenden Hand ruft. Kurz und gut, ich möchte ein Essay schreiben, es ist ein Versuch. – Sollte das jemanden außer mir interessieren? Vielleicht nicht. Allein diese Fragestellung ist schon typisch weiblich. Es sind meine Erkenntnisse, die besser erfasst, verstanden werden sollen. Aber wer oder was soll da eigentlich verstanden werden? Ich? Die *Welt?* Vielleicht ist ja jedes Essay ein Versuch, Ordnung in den Kopf zu bekommen.

Manche Essayisten schreiben für die Welt und Nachwelt, ich aber schreibe zunächst für mich. Hier kommt schon wieder der Unterschied: Männer schreiben, um wahrgenommen zu werden, es geht immer um ihre Person. Frauen stellen eher fest, finden es nicht ganz so attraktiv, wahrgenommen zu werden dabei. Warum ist das so? Jetzt kommen sie alle, die Psychologen, Biologen, Neurologen, Soziologen etc., um sofort eine schlüssige Antwort anzubieten, aber stimmt sie auch für mich? Findet sich in jedem Fall das Allgemeine im Besonderen wieder? Was sagt es tatsächlich aus, dass ich eine Frau bin? – Im Prinzip nichts. Es sagt nichts aus über meine Begabungen, Interessen, Wünsche, Vorstellungen … und doch werden meine Äußerungen unter diesem Aspekt gesehen werden: Mann oder Frau.

Es gibt zum Beispiel keine weibliche Philosophie. Es gibt zwar Philosophinnen, die jedoch die männlichen Philosophenschulen vertreten. Stoiker, Epikureer, Existenzialisten, Marxisten: Sie alle sind Männer. Die Frauen, die sich für diese Dinge interessieren, eignen sich wie selbstverständlich die Gedankengänge dieser Männer an, aber wo bleibt die eigene geistige Kraft und Kreativität? Gibt es sie? Eine Kreativität, die vielleicht abweicht von der Art des vorgegebenen Denkens, die möglicherweise diese Denkvorgänge infrage stellt und ein eigenes Denksystem dagegensetzt, das das *Du* mehr berücksichtigt? Das zum Beispiel aus einem *cogito ergo sum* ein *ich denke auch an Dich und darum gibt es ein Wir* macht. Interessiert sich jemand für sie? Wird sie wahrgenommen und gefördert? Natürlich gibt es sie, diese Kreativität, aber sie führt ein Schattendasein, so wie vielleicht afrikanische Lyrik. Es gibt eine sogenannte *Frauenliteratur*, die dann auch von Frauen – wenn überhaupt – gelesen wird. Die öffentliche Wahrnehmung ist ganz klar männlich dominiert und die Frau passt sich da an.

Die *kluge Frau* setzt sich und ihre weibliche Wahrnehmung nicht der männlichen Beurteilung aus, da kann sie nur verlieren, das weiß sie. Sie hält sich vielmehr im Hintergrund, wirft die eine oder andere *erstaunlich intelligente* Ansicht in die Runde und überlässt ansonsten weitestgehend den Männern die Führung im denkerischen Bereich, von Ausnahmen einmal abgesehen. Warum ist das so? Frauen blicken auf die gleiche Welt wie die Männer: Sehen sie das Gleiche oder sehen sie etwas anderes? Ein Hund, eine Katze, ein Vogel blicken auch auf die gleiche Welt – es gibt nur die eine – und doch sieht, hört oder riecht jeder von ihnen etwas anderes.

Sind Frauen diesbezüglich eine andere Spezies als Männer? Sehen sie etwas anderes? Und wenn ja, warum machen sie daraus kein Wahrnehmungssystem, das die Welt aus ihrer Sicht erklärt? Vielleicht denken sie, dass ihnen die Welt nicht gehört, dass sie nicht Eigentümer sind, dass sie nur in ihrer Funktion als Frau da sind. Natürlich übernehmen sie dann die Ansicht der Besitzer, so wie der Sklave seinen Herrn vertritt. Er nutzt die Welt auch nur in seiner Funktion als Sklave – was geht sie ihn eigentlich an? Ein Grundbesitzer schreitet über sein Land und denkt darüber nach, was er damit anfängt. Seine Bediensteten sind mit irgendwelchen Verrichtungen beschäftigt. Es gehört ihnen nichts und es wird ihnen auch nichts gehören. Damit fällt ein Großteil des Denkens weg, das der Grundbesitzer durchaus hat und auch benötigt.

Vielleicht haben Frauen das Gefühl von Bediensteten, die ihre Aufgaben erledigen und die deshalb über anderes eher nicht nachdenken. Es ist nicht ihre Welt. Ihre Welt ist eine andere. Es sind Aufgaben, die in der Regel mit der Verwaltung persönlicher Besitztümer nichts zu tun haben, da sie nicht oder nur in sehr geringem Maße darüber verfügen. Ihre Welt beschäftigt sich mit anderen Menschen: Familie, Freunde, Beziehungen. Hier blicken sie genau hin und sehen Dinge, die Männer nicht in derselben Intensität wahrnehmen, zwar auch wahrnehmen, aber eben anders.

Warum machen Frauen hieraus kein eigenes Wahrnehmungssystem, das gleichbedeutend und gleichwertig ist? Vielleicht ist es für sie einfach langweilig, sich mit einem weiblichen Blick auf die Welt zu beschäftigen? Die *wichtigen* Dinge finden schließlich außerhalb ihrer Welt statt: Krieg und Frieden, Gesetze und Verordnungen, kulturelles Geschehen, die Themenbesetzung in den Medien. Viele Frauen überlassen diese Felder den Männern und beschränken sich auf ihre weibliche Welt, in der sie sich gut auskennen. Es geht aber darum, dass die Frauen aus ihrem angestammten Bereich herausgehen, alle Felder paritätisch mitbesetzen und ihren weiblichen Blick auf diese Dinge mit einbringen. Nur so kann und wird sich etwas ändern. Vielleicht haben sie auch Angst, sich vor dem männlichen Blick lächerlich zu machen, wobei ich meine, dass man es zur Abwechslung einmal genau umgekehrt machen kann: den männlichen Blick als lächerlich darstellen –

nur muss man es eben machen. Ist es nicht lächerlich, das männliche Konkurrenzdenken, das sich Darstellen, sich mit Orden und Ehrenzeichen behängen? Ist es nicht trostlos, das Aufeinanderlosgehen anstatt miteinander zu reden? Wird durch männliche Empathiedefizite nicht ungeheuer viel vermeidbares Leid erzeugt?

Die weibliche Welt ist eine tatsächlich eine andere. Sie ist grundsätzlich auf das *Du* ausgerichtet. Es handelt sich hier um eine – vermutlich genetisch determinierte – Verfassheit, von der Frauen nicht sprechen, weil es ihre ureigene Art ist. Sie sind eben so. Männer sind eher egozentriert und finden das normal. Es ist ihre Natur.

Es heißt, der Geist sei androgyn, aber ist er das wirklich? Er ist vielleicht so sehr individuell, dass man ihn tatsächlich keinem Geschlecht zuordnen kann. Wenn aber zuerst Fühlen kommt und dann Denken, dann ist doch die weibliche Wahrnehmung wieder anders als die männliche: Die sich daraus ergebende Problematik ist der notwendige Ausgleich, den die Natur per Instinkt herstellt, der Mensch jedoch per Entscheidung herbeiführen muss. Hier kommt die Macht ins Spiel. Wer die Macht hat, bestimmt die Spielregeln, und wer diese bestimmt, gewinnt das Spiel. Hätten die Frauen die Macht, dann wären Prestigedenken, Gewaltausübung oder Ellbogenmentalität total verpönt. Da diese Dinge in der Männerwelt zu Erfolg führen und Erfolg Macht verspricht, werden sie jedoch beschönigt und in Kauf genommen.

Was sagen die Frauen dazu? Nichts. Natürlich gibt es inzwischen Frauen in der Männerwelt, jedenfalls bei uns, in den westlichen Zivilisationen. Es ist ein *ganz langsames Aufstehen*, das sich über Jahrhunderte, wenn nicht über Jahrtausende hinzieht. Dadurch wird – auch ganz langsam – ein anderer Blick auf die Welt geworfen: Die Welt gehört niemandem, man muss sie sich aneignen, seinen Teil, seinen ganz persönlichen Teil selbstständig erobern. Das, was die Männer immer schon machen – den eigenen Claim abstecken – müssen Frauen eben auch machen. Sie müssen sagen: Das ist meins, das gehört mir, darüber verfüge nur ich, das ist mein Blick auf die Welt, meine Philosophie. Vorgefertigte Rollen, Ansichten oder Moden sollte man als eigenständiges, selbstbestimmtes Individuum niemals kritiklos übernehmen. So wie man eine bestimmte Haarfarbe, Größe oder Mimik hat, so hat man auch eine ganz individuelle Persönlichkeit, eine geistige Verfasstheit, die etwas denkt, sagt, möchte, ablehnt: Der freie Mensch in seiner Beschränktheit – das gilt sowohl für Frauen, als auch für Männer. Doch dann trennen sich die Wege. Für Frauen wurde ein Reservat errichtet, das *Fürsorge für andere* heißt. Der Rest gehörte den Männern. Frauen, die mutig genug waren, das Reservat infrage zu stellen, gar ein eigenständiges Leben führen wollten, wurden umgehend sanktioniert und auf ihre *natürliche*, eventuell sogar *göttliche* Bestimmung hingewiesen. Die Männer wussten somit auch, was Gott wollte – was nicht verwunderlich ist, da sie doch in den

Religionen unter sich blieben und damit direkten Zugang zu *Gottes Willen* hatten. Diese Art von Zynismus, die leider immer noch wirksam ist, wird leider viel zu selten beim Namen genannt. Das von den Religionen geschaffene weibliche Rollenmodell entspricht exakt den Männerwünschen. Fällt das denn niemandem auf? Die – unentgeltliche – Fürsorge für andere, die Duldsamkeit, das widerspruchslose Ertragen von Leid, sind alles auch *gottgewollte* Eigenschaften, wohingegen der Wunsch nach einem selbstbestimmten Leben keinesfalls dazu gehört. Dies gilt für alle Religionen gleichermaßen, so unterschiedlich sie sonst auch sein mögen. Schon aus diesem Grund – insbesondere in religiös geprägten Gesellschaften – ist es für Frauen unendlich schwer, ihren eigenen Weg zu gehen.

Geistige Freiheit korrespondiert mit einer gesicherten Existenz. Man muss ran an den Besitz, denn nur er garantiert Unabhängigkeit. Männer wissen das längst, seit Jahrtausenden. Werden es Frauen jemals begreifen? Wollen sie es denn überhaupt begreifen? Hat Freiheit denn einen Stellenwert im weiblichen Denken? Man muss sogar fragen: Warum hat sie denn so einen geringen? Ist sie denn so gefährlich und furchteinflößend, dass man immer einen männlichen Begleitschutz benötigt, mit dessen Vorhandensein die Freiheit auch schon wieder verloren ist? Dass dieser angebliche männliche Schutz zur Unfreiheit werden und sich bis zur Bedrohung entwickeln kann, wenn man sich daraus befreien möchte, müssen viele Frauen schmerzhaft erfahren. Ich denke aber doch, dass es so ist. Die Angst vor der männlichen Gewaltbereitschaft treibt die Frauen in die Unfreiheit, in den vermeintlich sicheren Schutzraum der Familie. Was für eine Selbsttäuschung, immer wieder und in jeder Generation wieder. *Ich bin schwach, bitte beschütze mich. Dafür bin ich speziell für dich attraktiv und begehrenswert.*

Mit so einem Blick auf die Welt kann keine Philosophie, keine Weisheitslehre entwickelt werden, wenn die *Weisheit* vorwiegend darin besteht, sich beschützen zu lassen. Das ist erbärmlich und traurig. Wen wundert es, wenn Männer die Frauen – insgeheim oder offen – verachten? Die *Klugheit* der Frauen besteht dann überwiegend darin, Männer zu durchschauen und sich ihre Schwächen bezüglich der Weiblichkeit zunutze zu machen, um für sich entsprechende Vorteile – vorwiegend finanzieller Natur – daraus zu ziehen. Liebe als Geschäft hat schon immer funktioniert, wenn man weiß, wie es geht, und wenn man sich für diese Art von Geschäft entschieden hat. Aufgrund der männlichen Bewunderung für das *ewig weibliche* winkt dann der soziale Aufstieg mit allem, was dazu gehört, ein sorgenfreies Leben, Familie, Kinder, also alles, was Frau sich angeblich vorstellt. Hollywood, Bollywood und Barbie lassen grüßen. Die Jungmädchenträume sind in dieser Hinsicht so überzeugend, dass man in dieser Zeit einfach nichts anderes hören möchte.

Aber selbst wenn man tatsächlich einen Sechser im Lotto zieht und dieses erträumte Leben dann auch so stattfindet: Ist es dann auch ein gutes Leben? Sind Bequemlichkeit und Sicherheit tatsächlich die Garantien für ein zufriedenes Lebensgefühl, für ein erfülltes Leben? Wo bleibt hier der Eigenbeitrag an die Welt? Ist das denn tatsächlich mit einer *glücklichen* Familie erreicht, wie man es in Tausenden von Geschichten immer wieder erzählt? Es gibt hier mehr Fragen als Antworten, denn eine ehrliche Antwort ist schwer zu bekommen. Wer gibt am Ende seines Lebens schon gerne zu, dass er aus Bequemlichkeit auf seine Eigenständigkeit verzichtet hat? Es ist dann natürlich für alles zu spät. Lieber macht man doch sich und anderen etwas vor, als sich Fehler einzugestehen. Man sucht lieber nach Schuldigen, als bei sich selbst anzufangen, und beneidet diejenigen, die doch so offensichtlich mehr *Glück* hatten im Leben.

Was ich *Glück* nenne ist, rechtzeitig zu erkennen, auf was es einem wirklich ankommt im Leben und dies auch versucht zu verwirklichen. Dass man immer bereit ist für notwendige Veränderungen. Unannehmlichkeiten, Widerstände und Fehler – sie sind dazu da zu lernen, Erfahrungen zu sammeln und seine Persönlichkeit, sein Wesen und seine Individualität zu entwickeln. Es geht nicht darum, wichtig oder bedeutend zu sein, und es geht überhaupt nicht darum, was andere Menschen von einem denken. Es geht einzig und allein darum, dass die Frau mit sich einverstanden ist, dass sie bereit ist, die Verantwortung für all das zu übernehmen, was sie verursacht oder wozu sie persönlich beigetragen hat.

Man, also frau übernimmt Verantwortung – und hier muss man sie auch übernehmen – jedoch nur, wenn man in Übereinstimmung mit sich handelt und nicht einen fremden Willen ausführt, mit dem man nicht einverstanden ist. Für mich waren Freiheit und Unabhängigkeit die beiden Leitsterne, nach denen ich meine Entscheidungen ausgerichtet habe. Das klingt anstrengend und das ist es auch. Freie Selbstbestimmung ist aber nicht rücksichtslos, denn in der Bereitschaft, Verantwortung zu übernehmen, ist natürlich die Rücksicht auf andere enthalten, nicht aber die Forderung, sich für etwas oder für jemanden zu opfern.

Die Opferfalle ist für Frauen – und nur für Frauen – groß aufgestellt, sie mögen doch bitte hineintreten, damit sie zuschnappt für alle Zeiten. Als Belohnung winkt möglicherweise ein Dankeschön oder ein wohlwollendes Kopfnicken. Wenn es gar nichts dergleichen gibt, dann doch wenigstens einen gnädigen Himmel im Jenseits. Recht herzlichen Dank auch, wie rührend, gleich kommen mir die Tränen. Dagegen macht der Lohn, ein eigenständiges, selbst verantwortetes Leben führen zu können, unabhängig zu sein, sich dort verpflichtet zu fühlen, wo man es für notwendig hält und weitestgehend auf Opportunismus verzichten zu können, jede Art von Anstrengung wett.

Das hört sich jetzt männlich an, weil in der Regel Männer so handeln. Ich finde jedoch, dass es für Frauen genauso gilt, und zwar ebenso radikal. Zugegebenermaßen ist es für Frauen wesentlich schwerer, sich auf diese Weise zu entwickeln. Zum einen ist die Welt – von Männern – so gestaltet, dass die Schutzbedürftigkeit von Frauen wirklich existiert. Frau muss sich mit der Tatsache befassen und abfinden, gefährdet zu sein, und eine persönliche Einstellung hierzu entwickeln. Zu einem eigenständigen Leben gehört Mut, das ist unbestritten. Man kann jedoch lernen, mit der Angst umzugehen, und man kann es üben, sich in schwierigen Situationen zu behaupten. Entscheidend für den Erfolg sind eine entsprechende Motivation und der Wille zum Handeln. Wer als Frau die Wahl hat zwischen unbeschützter Freiheit und *gesicherter* Geborgenheit, wählt häufig Letzteres, ohne sich wirklich die Konsequenzen dieser Entscheidung klar zu machen. Frau ist dann auf den guten Willen des Beschützers angewiesen und damit abhängig. Daraus folgt ein ständiges Klagen und sich Beschweren über die Männerwelt, ob in Romanen, Theaterstücken, Filmen, im Kabarett… ein einziges Lamento. Für mich als eigenständige Frau ist dies peinlich, unwürdig und unglaubwürdig. Ich bin es inzwischen leid und ich kann es auch nicht mehr hören. Durch jammern und klagen hat sich noch nie etwas verändert. Im Gegenteil, es beinhaltet sogar ein gewisses Einverständnis mit den bestehenden Verhältnissen, wenn es mit einem humoristischen Augenzwinkern begleitet wird: Die Welt ist schlecht, aber so ist sie nun mal. Wer handelt, klagt nicht.

Natürlich führt diese Abhängigkeit auch zu großem Leid, denn Frauen gehen seelisch und manchmal auch körperlich daran zugrunde und die Männer ersticken an ihren Schuldgefühlen. Gibt es keinen Ausweg? Eigentlich schon, aber viele gehen tatsächlich lieber zugrunde, als den harten Weg der Veränderung auf sich zu nehmen. Sie trauen es sich nicht zu, denn das Selbstvertrauen ist in einem abhängigen Dasein sehr gering und sie haben Angst. *Angst essen Seele auf* – dieses geflügelte Wort gilt immer.

Aber frau hat nur ein Leben. Wenn es mir vergönnt wäre, auch nur für einen einzigen Augenblick die Luft der Freiheit zu schmecken, dann wäre mir das jede Anstrengung wert. Das bin ich und darum kann ich auch diesen Text schreiben. Es mag schon sein, dass meine Freiheitsliebe außergewöhnlich groß ist. Aber jeder Mensch, also wirklich jeder, möchte selbstbestimmt leben und handeln. Das wird Frauen besonders schwer gemacht, denn Selbstbestimmung stellt in ihrer Erziehung keinen Wert an sich dar. Die weiblichen Rollenbilder setzen den Schwerpunkt anders, nämlich zunächst auf das Attraktivsein und dann auf das Dasein für andere. Haben denn die Frauen wirklich nichts anderes an Kreativität zu bieten, als den larmoyanten Blick auf die eigene Unzulänglichkeit? Es gibt inzwischen viele weibliche Vorbilder, die aufgrund der Entwicklung ihrer Fähigkeiten eine ganz andere Art von Persönlichkeit geworden sind als die *nur Mutter* oder die *nur Frau an seiner Seite*. Diese Einseitigkeit führt immer wieder zu einem absolut grotesken Geschlechterverhältnis. Der Mann mit dem schlechten Gewissen gegenüber dem von ihm mit verursachten Opfer *Frau*. Warum keine abgesicherte, selbstständige Existenz als Nahziel statt *selbstlose* weibliche Hingabe, die im fortgeschrittenen Alter ziemlich regelmäßig in Bitterkeit endet. Warum dieses sich Ausliefern an ein Gefühl? – Man weiß doch, wie schnell sich Gefühle ändern können.

Eine weibliche Philosophie müsste mit dieser überkommenen Denktradition brechen, aber welche Frauen könnte sie dann vertreten? Eine Minderheit? *Das gute Leben* von der Antike bis zur Moderne beschäftigt sich mit der freien männlichen Existenz. Frauen kommen einfach nicht vor. Vielleicht sollte man die Dinge einfach nur auf den Kopf stellen! Das gute Leben aus weiblicher Sicht – es sieht tatsächlich nicht anders aus: individuell, selbstbestimmt, unabhängig – nur findet es leider zu selten statt.

Wegen der Hormone? Die haben Männer auch. Ich meine sogar, dass Männer von ihrer biologischen Ausstattung abhängiger sind als Frauen. Sie sind sich allerdings sehr einig darin, Frau möglichst nicht in ihre Welt einzulassen. Dieses Unterfangen – Frau in der Männerwelt – ist immer noch mühsam und nichts für schwache Gemüter. Man muss frühzeitig lernen, einstecken zu können und weiterzumachen, auch bei Gegenwind. Man braucht ein starkes Gefühl für sich selbst und den unbedingten Willen, seine selbst gesteckten Ziele auch erreichen zu wollen. Man muss wissen, dass Ehe und Familie kein Ersatz für ein selbstbestimmtes Leben sind, sondern diesbezüglich eine Sackgasse darstellen können.

Das gute Leben aus erster Hand

Mein Essay soll also auch das *gute Leben* aus weiblicher Sicht behandeln. Würde ich bei uns im Dorf irgendeine Frau meines Alters fragen, was sie unter einem *guten Leben* versteht, dann würde sie so in etwa antworten: Ehefrau und Mutter sein, in gesicherten Verhältnissen leben mit einem treuen Ehemann, gerne auch mit Enkel. Man hätte seine Freude an den Kindern und alles in allem ein harmonisches Familienleben. Würde man dagegen einen Mann fragen, dann würde er zwar das Gleiche sagen, aber vermutlich erst nachrangig. Zuerst käme er selbst, mit seiner Arbeit, mit seinem Besitz, mit seinem kompletten Ego. Er sagt zuerst *Ich* und das ist gut so, denn es ist allgemein akzeptiert. Sagt aber die Frau zuerst *Ich*, reagiert die Umwelt ganz anders. Sogar ihre Geschlechtsgenossinnen rümpfen die Nase, wenn eine Frau über ihre Bedeutung in der Welt spricht. Steht ihr das überhaupt zu? Wenn sie es dennoch tut, vernachlässigt sie dann dabei nicht ihre *eigentliche* Aufgabe als Frau, nämlich für andere da zu sein?

Männer blicken auf solche Frauen ebenfalls mit gemischten Gefühlen: Konkurrenz in der von ihnen behaupteten eigenen Welt ist nicht erwünscht. Eignet sich solch eine Frau überhaupt für das angestrebte Familienleben, in dem die Rollen theoretisch bereits verteilt sind? Hier lauert schon das Totschlagargument gegen das selbstbestimmte Leben: unattraktiv. Kein Mann interessiert sich für so eine Frau. Die männliche Aufmerksamkeit als alles überstrahlendes Nahziel im Frauenleben ist leider immer noch die Regel. Natürlich können und sollen Frauen auch Geld verdienen, das ist keinesfalls unattraktiv und sehr praktisch. Dann aber bitte weniger als der Mann und eher in einem *Job.* Karriere machen zu wollen oder gar Führungspositionen anzustreben, wird als ausgesprochen unweiblich angesehen, gefährdet gar das Selbstbewusstsein des Mannes. Wenn sich bei Männern Unterlegenheitsgefühle ausbreiten, wird es kritisch mit der *Liebe,* das wissen Frauen natürlich ganz genau.

Aber ist diese Männerliebe wirklich das einzig Wichtige im Leben einer Frau, soll sie sich dafür kleinmachen und die *kluge Frau* spielen? Und was ist diese *Liebe* dann eigentlich wert, wenn sie nur auf Kosten der Frau zustande kommt? Diese angeblich so erfüllten Mütter und Großmütter, die die sich anderweitig verwirklichenden Frauen mindestens so argwöhnisch betrachten wie die Männer – sind sie denn wirklich so zufrieden? Hatten sie denn als junge Mädchen nicht auch Begabungen, geistige Fähigkeiten und Wünsche, sich persönlich in die Welt einzubringen? Wo ist der Ausgleich für den Verzicht? Das warme Gefühl der

Dankbarkeit als Belohnung? Wenn es denn so ist, dann ist es doch nur teilweise gut, aber nicht so ganz. Ein großes Stück der individuellen Eigenart wurde eben nicht gelebt oder zur Geltung gebracht. Frau weiß nicht, was sie und nur sie hätte sonst noch einbringen können in die Welt, außer ihrer Dienstbeflissenheit. Die Individualität erschöpft sich somit im Kochen und Backen, in der Haushaltsführung und in der Kindererziehung und – last not least – darin, *ihm* den Rücken freizuhalten. Gesellschaftlicher Aufstieg erfolgt nicht durch eigene Leistung, sondern durch den werten Gatten. Die Frau partizipiert durch Mithilfe. Wenn die Ehe aber schiefgeht? Es fehlt das eigene Sicherheitsnetz, die eigene finanzielle Absicherung und das individuell verwirklichte Sein außerhalb der Familienarbeit. Man ist Mama, Omi und Schatzi, wäre aber vielleicht gerne Frau X, die die Firma Y leitet, oder Abteilungsleiterin in einem Unternehmen oder eine namhafte Künstlerin oder eine eloquente Politikerin, die mit ihrem Blick auf gesellschaftliche Zusammenhänge fasziniert, oder, oder, oder …

Es geht nicht darum, dass man reich und berühmt wird, sondern um das Wahrnehmenkönnen einer Chance. Irgendwann ist es zu spät – *wenn die Kinder aus dem Haus sind* – und alle Möglichkeiten sind verpasst, weil die Frauenrolle, nimmt man sie ernst und verwendet man seine ganze Energie und Intelligenz darauf, sehr anspruchsvoll, anstrengend und zeitlich unbegrenzt ist. Man ist dann Anfang 60, was soll da noch kommen? Ehrenämter? Enkel betreuen? Im Idealfall kommt allenfalls eine leicht melancholische Stimmung auf: Man hat ja doch etwas bekommen vom Leben, den treu sorgenden Ehemann, die dankbaren und erfolgreichen Kinder, auf die man stolz ist, die lieben Enkel … und das alles in gesicherten Lebensverhältnissen und ohne finanzielle Sorgen. Viele Frauen – viel zu viele – sehen darin immer noch ein Lebensziel, das erstrebenswert ist. Es winkt mit seiner Bequemlichkeit, mit seiner scheinbaren sozialen Hängematte, seiner gesellschaftlichen Akzeptanz und seinem vermeintlich sicheren Schonraum. Der raue Wind der Arbeitswelt bleibt draußen vor der Tür, man ist auf andere Weise wichtig und hat Bedeutung. Man sieht, hört und liest es ständig und fühlt sich dadurch bestätigt. Die Frauen um einen herum machen es ähnlich und haben ähnliche Probleme, über die man lange und ausgiebig reden kann.

Diesen Idealfall gibt es natürlich und vermutlich oft genug, um sich auch weiterhin daran zu orientieren. Was ist aber, wenn dem nicht so ist? Die Ehe geht schief, der Partner erkrankt unheilbar oder hat einen schweren Unfall, der ihn zeitlebens behindert, oder er wird arbeitslos? Was, wenn der Ehemann trinkt, gewalttätig ist, ständig fremd geht, das Geld in private Interessen steckt, sich nicht an der Familienarbeit beteiligt? Wenn die Kinder große Sorgen bereiten, die Dankbarkeit ausbleibt, weil sie einfach ihr eigenes Leben führen wollen (Stichwort: Selbstverwirklichung) und die Eltern ihnen mehr oder weniger gleichgültig sind oder wenn sie diese gar mit Vorwürfen eindecken? Die Voraussetzungen, die die Frau erfüllt, sind immer die gleichen: Aufgabe eines selbstbestimmten Lebens zugunsten einer Familie. Sie steht dann als absolute Verliererin da: alles gegeben, nichts zurückbekommen, ein bedauernswertes Opfer, auf Fürsorge angewiesen.

Armut ist weiblich und sie ist auch alt. Für die Gesellschaft ist diese antiquierte und immer wieder beschworene Frauenrolle ein äußerst bequemes Modell, insbesondere aus männlicher Sicht. Der Mann kann sich im Beruf selbst verwirklichen, hat sein eigenes Einkommen und die eigene Altersversorgung. Das bleibt auch so, wenn die Ehe scheitert. Und die Frau? Sie ist das weitaus höhere Risiko eingegangen, hat der Nächstenliebe den Vorzug gegenüber dem vermeintlichen Egoismus gegeben, hat ihre Existenz auf Treu und Glauben aufgebaut und hatte dann eben Pech. Ein Pech, das den Männern so nicht passieren kann. Einen solch hoffnungslosen Absturz ins gesellschaftliche Nichts haben sie – wenn er denn stattfindet – meist selbst verursacht, durch Alkohol, Schulden, Hybris, Spielsucht etc. und gerne werden hier auch Frauen als Faktor aufgelistet. Bei allem persönlichen Unglück hat der Mann aber Geld und die Frau hat keines.

Das gute Leben … die ewige Frage. Ich würde in diesem Zusammenhang das Wort *Glück* vermeiden wollen, denn es gibt immer wieder glückliche Abschnitte im Leben: wenn man verliebt ist, das erste Kind bekommt, ins eigene Haus einzieht usw. Ob das

Leben aber insgesamt als gut empfunden wird, vor allem wenn man schon eine Weile auf der Welt ist, hängt dann doch eher von vielen verschiedenen Dingen ab, die sich alle darauf begründen sollten, dass sie auf der eigenen Zustimmung beruhen und selbst auch verändert werden können. Das Gefühl, angekettet zu sein, alles aushalten zu müssen, ohne Aussicht auf Veränderung, erzeugt ein Gefühl der Ohnmacht, das letztendlich in Verzweiflung umschlägt und dann – da man ja weiterleben muss – in Erstarrung und Verbitterung beziehungsweise tiefe Traurigkeit münden kann. Es besteht wohl kein Zweifel, dass insbesondere Frauen von dieser Abwärts-Gefühlsspirale heimgesucht werden. Das liegt aber nicht daran, dass sie Frauen sind, sondern daran, dass sie ihre Freiheit und Unabhängigkeit für andere geopfert haben, ohne die geringste Anerkennung und Wertschätzung zu erfahren. Die Gleichgültigkeit derjenigen, für die sie da sind, gibt ihnen dann den Rest.

Finanzielle Unabhängigkeit – ein Muss für alle

Jeder – Mann und Frau – ist letztendlich allein auf dieser Welt und bei aller Pflichterfüllung für andere, sollte man immer sich selbst der beste Freund sein. Die Möglichkeit, aus einem unerträglichen Leben auszusteigen, hat mit finanzieller Unabhängigkeit zu tun. Ein Wohneigentum, das man nutzen kann, ein Beruf, der einem das Auskommen ermöglicht und für eine ausreichende Altersvorsorge sorgt, sind die Säulen dieser Unabhängigkeit. Frauen der vorherigen Generationen konnten davon nur träumen. Aber heute, in unserer westlichen Zivilisation sollte es für Frauen eine Selbstverständlichkeit sein – und für Männer auch –, die Lebensrisiken gemeinsam zu tragen. Warum es nicht so ist oder viel zu selten so ist, liegt an der Frauenrolle, auf die junge Mädchen immer wieder eingeschworen werden. Diese lockt allerdings mit ihrer Aussicht auf ein bequemes und sicheres Leben – ohne Eigenverantwortung, aber mit gesellschaftlicher Akzeptanz – vor allem diejenigen Mädchen, die sich selbst nichts zutrauen. Hier kommen dann zwei Komponenten zusammen, die scheinbar hervorragend zusammenpassen: Der Mann behält seine Privilegien und die Frau bekommt das – scheinbar von ihr selbst – angestrebte Leben.

Unterstützt wird diese atavistische Haltung durch Kirchenmänner. Von ihnen werden Frauen immer noch glorifiziert, wenn sie ein *gottgefälliges*, also *typisch weibliches* Leben führen – wovon sie aber nichts haben, außer dem Trost, dass sie zumindest von Gott wertgeschätzt werden. Darum gehen alte Frauen auch so gerne in die Kirche: Wenigstens dort fühlen sie sich akzeptiert und anerkannt. Was ihnen die Welt versagt, erhoffen sie sich von einem Gott. Gerechte Verteilung der Güter würde so manchen *Glauben aus Verzweiflung* überflüssig machen.

Frauen leiden nicht deshalb, weil sie von Natur aus dazu neigen, sondern weil ihnen ein leidvolles Leben zugemutet wird. Ein selbstbestimmtes Frauenleben ist alles andere als leidvoll. Diese Selbstbestimmung wird ihnen in einer patriarchalischen Gesellschaft allerdings von Anfang an abgesprochen. Der männliche Teil der Gesellschaft bestimmt mehr oder weniger über den weiblichen. Es ist noch nicht so lange her, dass es auch in Westeuropa so aussah. Nur weil in der Vergangenheit Frauen mutig waren und sich wehrten, hat sich hier einiges geändert. Umso bedauerlicher ist es, wenn junge Frauen unkritisch den rosaroten Traumbildern der Frauenrolle erliegen und ihre Unabhängigkeit leichtfertig aufgeben.

Die Frage ist natürlich, warum sich das alles nicht schon längst gravierend geändert hat, warum die alte

Leier in einem fort gespielt wird. Fehlt den Frauen ein Stück Intelligenz, wie es ja immer schon behauptet wurde? Verstehen sie unter *kluger Lebensführung* etwas völlig anderes als Männer? Sind sie unfähig, ein selbstbestimmtes Leben zu führen, oder viel zu bequem, um den Preis dafür zu bezahlen? Ist ihnen die selbstlose hingebungsvolle Frauenrolle derartig genetisch auf den Leib geschrieben, dass sie sozusagen determiniert sind, nicht anders können?

Wäre ich ein Mann, hätte ich eventuell diese Ansicht, denn die Beweislast hierfür ist erdrückend. Ich müsste allerdings zugeben, dass es Ausnahmen gibt und erstaunlicherweise immer mehr. Frauen, die mit ihrer Berufswahl glücklich sind, für die der berufliche Erfolg und nicht zuletzt das eigene Geld durch die damit erreichte Unabhängigkeit einen großen Teil des guten Lebens ausmacht. Es handelt sich nämlich hier um ihr eigenes Leben, das von ihnen bestimmte Leben.

Man kann also nicht sagen, dass alles so bleibt, wie es einmal war. Die kommenden Generationen werden hoffentlich nicht wieder zahlreiche Beispiele für die weibliche Armut liefern, so wie es heute noch der Fall ist. Nichtsdestotrotz möchte ich doch mal analysieren, warum die Veränderung so langsam kommt und warum es auch immer wieder Rückwärtsbewegungen gibt. Als Hauptgrund ist für mich feststellbar, dass die Phalanx der mächtigen Männer vielleicht inzwischen Lücken aufweist, aber doch noch sicher steht. Wer gutes Geld verdienen möchte, muss hinein in die Männerwelt, muss sich mit all den Kriterien auseinandersetzen, die hier zum Erfolg führen. Man muss lernen, dass Leistung allein nicht genügt, dass man fordern und auf sich aufmerksam machen muss. Allerdings ist es nicht so, dass da irgendjemand auf einen wartet. Die Luft ist dünn und der Konkurrenzkampf hart. Die gute Ausbildung ist zwar die Eingangspforte, aber wenn man vorwärtskommen möchte, muss man kämpfen.

Hinzu kommt speziell für Frauen, dass die meisten Männer ihnen Geld, Macht und öffentliches Ansehen besonders missgönnen, mehr noch als anderen Männern. Mit fast 40 Jahren Berufserfahrung kann ich das nur bestätigen. Frau sollte sich da nichts vormachen. Ich würde sagen, dass ich durchaus erfolgreich war, mich behaupten konnte und nach landläufiger Meinung sicher Karriere gemacht habe, am Ende war ich jedoch ausgebrannt. Meine Bereitschaft, noch länger diese einseitige Rolle zu spielen, die mir meine Arbeit abverlangte, ging gegen null. An meinem letzten Arbeitstag habe ich mich wie eine Schlange gehäutet und alles abgelegt, was sich meiner Meinung nach erschöpft hatte. Seither kann ich wieder der Mensch sein, der ich eigentlich bin. All die Eigenschaften, die zurückstehen mussten, da sie nicht *opportun* waren, können jetzt wieder gelebt werden und das tut mir unendlich gut. Andererseits bereue ich nichts. Die Anstrengung hat sich aus meiner Sicht gelohnt. Es ist nicht nur die finanzielle Unabhängigkeit, die mir ein gutes und sicheres Lebensgefühl gibt, sondern auch das Bewusstsein, es geschafft zu haben, mich behauptet zu haben, meine Verzagtheit und Selbstzweifel, die ich wie jede andere hatte, überwunden zu haben. Das Bewusstsein des eigenen Könnens und der eigenen Stärke bekommt man nicht geschenkt, es muss erworben werden. Wäre mir alles in den Schoss gefallen, würde sich dieses Gefühl sicher nicht einstellen.

Natürlich gilt für Männer etwas Ähnliches und doch gibt es einen gravierenden Unterschied: Sie befinden sich in ihrer eigenen Welt, dort kennen sie sich aus. Sie wissen, wie man miteinander umgeht und wie alles, was so gesagt wird, zu verstehen ist. Als Frau muss man das Funktionieren der Männerwelt erst lernen wie eine Fremdsprache, die doch nie zur Muttersprache wird. Das Ergebnis davon ist bei mir eine gewisse Ernüchterung, was Männer anbelangt. Ich finde sie inzwischen ziemlich eindimensional, zumindest was die Arbeitswelt anbelangt. Es geht ständig um Dominanz und somit wird fast alles unter dem Gesichtspunkt von Konkurrenz gesehen. Das gilt nicht nur im Berufsleben, sondern leider sehr oft auch für den privaten Bereich. Anstatt den Frauen mit Respekt und Achtung zu begegnen und sie wegen ihrer größeren Fähigkeit zur Empathie – auf die die Menschheit dringend angewiesen ist – wertzuschätzen, versuchen sie diese zu dominieren und auszubeuten. Einen großen Teil ihrer Intelligenz verwenden *kluge* Männer (Marke *Frauenversteher*) darauf, diese Haltung die Frauen nicht spüren zu lassen. Es soll den Frauen gut gehen bei ihnen, damit sie auf ewig ihre

Emotionalität anzapfen können (und sie gleichzeitig heimlich für dumm erklären können). Die Dominanz ist damit wieder gesichert. Wenn die Frau aber trotz all dieser schlauen Strategien – die sie vermutlich durchschaut, bei denen sie aber aus Gründen der *Klugheit* zunächst mitspielt –, ihre eigenen Wege gehen möchte, hat auch der kluge Mann ein Problem damit, nämlich ein Dominanzproblem.

Irgendwie finde ich inzwischen, dass die Evolution dieses Problem in der Tierwelt besser gelöst hat. Die Dominanz des Männchens beschränkt sich auf den Fortpflanzungsakt, ab dann geht jeder wieder seinen von der Genetik diktierten Aufgaben nach. Der Mensch nutzt seinen freien Geist leider viel zu oft, um seine niederen Triebe auszuleben, und da gilt am Ende nur noch das Recht des Stärkeren.

Mann und Frau – eine endlose Geschichte

Die Gewalttätigkeit der Männer – offen oder subtil – ist und bleibt ein ungelöstes Problem der Menschheit, auch wenn sie sich anschickt, den Weltraum zu erobern. Der Ausgleich wäre zu schaffen, wenn die Frauen nicht auf die Männer angewiesen wären, sondern selbstbestimmt leben könnten. Doch hier sind wir wieder beim männlichen Dominanzstreben angelangt: Um sich als Mann zu fühlen, braucht man die Überlegenheit über jemand anderen. Vor allem da, wo der Mann seine Defizite hat, im emotionalen und empathischen Bereich, ist das Streben nach Dominanz für ihn geradezu überlebenswichtig. Hier ist die Achillesferse, hier ist der Mann verletzbar und schwach. Die Unterdrückung der weiblichen Stärke, auf welche Weise auch immer, ist somit Programm im Männerhirn. So ist es auf der ganzen Welt, vielleicht bei uns etwas weniger offen und brutal wie in anderen Regionen.

Die Religionen helfen fleißig mit dabei, dieses System aufrechtzuerhalten. Vielleicht wurden sie aus diesem Grund sogar erfunden. Das klingt trostlos, der Ausweg liegt jedoch offen vor uns: Es steht jedem frei,

Erkenntnisse zu sammeln und sein Leben danach zu gestalten. Es steht im Prinzip auch den Frauen frei. Sie müssen es aber auch tun. Ich vermute, dass es immer mehr tun, der Weg ist jedoch noch sehr lang und es wird noch Generationen dauern, bis es einen echten Ausgleich – wie bei Yin und Yang beschrieben – gibt.

Dieser Ausgleich war und ist schon immer möglich in einer guten Partnerschaft. Wenn der Mann seiner Partnerin auf Augenhöhe begegnet und ihr das Gefühl gibt, dass es gut ist, wenn sie so ist, wie sie sein möchte, dann gibt es für die Frau keinen Grund mehr, eine Rolle spielen zu müssen. Aber auch für den Mann ist es einfacher, so sein zu können, wie er es möchte, ohne ständig den starken Mann spielen zu müssen.

Letztendlich leiden beide – Männer wie Frauen – unter den vorgegebenen Rollenmustern. Man muss eben lernen, seinen eigenen Weg zu gehen, obwohl man ständig mit Rollenbildern bombardiert wird. Strahlende junge Frauen, sexy, schlank und sportlich und damit attraktiv geben ein ständiges Beispiel vor: *Hier gehts lang, junge Frau, wenn du erfolgreich sein willst. Egal welche Begabungen, Interessen, geistige Fähigkeiten du hast – nichts ist so wichtig wie das attraktive Aussehen.* Das finden die Männer und die Frauen auch. Man möchte eben *ankommen*, denn diesem Dauerbombardement kann man sich nur schwer widersetzen und das Verlangen, das so erzeugte Bedürfnis zu erfüllen, ist übermächtig.

Eine sehr umfangreiche Industrie ist rund um die persönliche Attraktivität entstanden und schreit nach

Umsatz: Mode, Kosmetik, Fitness … immer neu, immer anders. Damit werden Illusionen genährt, denn die attraktive Frau ist augenscheinlich glücklich, hat einen ebenso attraktiven Mann, nette Kinder, fährt in den angesagten Urlaub mit dem angesagten Auto (derzeit muss es ein SUV sein) und wohnt entsprechend. Die Werbung erschafft dieses Bild immer wieder in anderen Variationen und in den Filmen wird es wiederholt. Wenn man aber ständig die gleichen Muster vorgesetzt bekommt, dann verinnerlicht man sie auch irgendwann und merkt gar nicht mehr, dass man manipuliert wird. Der Rubel muss rollen. Bei den Kindern fängt das Muster bereits an mit Rosa und Blau und wird lückenlos durchgezogen, solange Mann und/oder Frau darauf hereinfallen.

Wie unattraktiv ist dagegen das selbstbestimmte Leben und wie mühselig. All diese Wohltaten der Konsumgüterindustrie müssen schließlich bezahlt werden: das attraktive Aussehen, das Auto, das Haus, der Urlaub … aber von welchem Geld? Frauenberufe von der Friseurin bis zur Krankenschwester bringen nicht viel ein, man kommt gerade so über die Runden. Schade. Die Arbeit von Männern ohne höheren Bildungsabschluss ist deutlich besser bezahlt als die von Frauen. Warum eigentlich? Also muss die Frau für ihr selbstbestimmtes Leben einen höheren Bildungsabschluss haben, um ein ordentliches Gehalt zu bekommen, also gewisse intellektuelle Fähigkeiten mitbringen. Frauen ohne höheren Bildungsabschluss, also mit kleinem Gehalt und schlechter Altersversorgung, schielen logischerweise schon früh nach einem gut verdienenden Mann. So stellen sie sich ihr selbstbestimmtes Leben vor. Aus ihrer Sicht ist es eben ein realistisches Lebensziel, einen gut verdienenden Ehemann zu bekommen, Selbstbestimmung hin oder her.

Man stelle sich das doch mal umgekehrt vor: die Frauen bekämen mehr Geld als die Männer. Unsere heile Welt würde dann sogleich kopfstehen. Viele Frauen würden das auch gar nicht richtig finden, denn der Mann hätte dann Probleme mit seiner Männlichkeit und welche Frau möchte das schon? Also bleibt alles beim Alten, zumindest dort, wo das Geld knapp ist. Freiheit und Autonomie sind damit zweiter Sieger, haben gerade keine Konjunktur, kann man sich quasi nicht leisten.

An ihre Stelle treten die Träume, die Illusionen und die romantischen Gefühle, bis das Zepter der Realität die Herrschaft übernimmt. Das selbst gewählte Leben wird dann mit einer gewissen Entschlossenheit und Grimmigkeit fortgeführt. Man schaut sich die heile Welt im Fernsehen an und hört wehleidige Schlager von Liebe, Lust und Herzschmerz. Wenn die Partnerbeziehung gut ist und die Ehe hält, hat man Glück gehabt, ansonsten wartet wieder ein typisches Frauenschicksal auf einen, geprägt von Geldknappheit und am Ende Armut. Man fragt sich, wo die Träume geblieben sind, wo man denn im Leben falsch abgebogen ist, warum es das Schicksal nicht gut meint mit einem. Damals allerdings, als die Weichen gestellt wurden, ist man die große, breite Straße hinuntergegangen, auf der die Mütter und Großmütter auch schon gelaufen sind wie die Lemminge. Die Vernunft und die Klugheit wurden zur Seite gestellt und die Emotionen und die romantischen Gefühle hochgefahren. So war es immer schon, so ist es richtig, so wollen wir die künftigen Ehefrauen und Mütter haben. Das Gefühl des gelingenden Lebens wird zwar in diesem Augenblick von der Gesellschaft in Aussicht gestellt, aber später nicht unbedingt eingelöst. Es gibt hier keine Garantien.

Das Einzige, worauf man sich wirklich verlassen sollte, ist die eigene Klugheit. Man muss eben rechtzeitig durchschauen, dass diese Illusionen im Wesentlichen von denjenigen genährt werden, die einen Vorteil davon haben. Die von Männern dominierte Gesellschaft möchte keine selbstbestimmten, autarken und unabhängigen Frauen haben. Und die Frauen … sie wollen eben dazugehören beziehungsweise mehr oder weniger das machen, was die anderen auch so tun. Gesellschaftlich anerkannt zu sein als Frau und Mutter, mit *weiblichem Verhalten*, schafft ein Wirgefühl, nämlich das Gefühl, in seinem Verhalten nicht alleine und auch akzeptiert zu sein. Was so viele machen, kann doch nicht falsch sein. Die anderen Frauen leben ein ähnliches Leben und sind in einer ähnlichen Stimmungslage. Man bestätigt sich das gegenseitig beim Small Talk mit klagendem leidendem Unterton und schafft so eine Art Gemeinschaftsgefühl im typischen Frauenschicksal. Das Opfer der eigenen Verwirklichung hat sich dann doch gelohnt oder wird zunächst gar nicht als Opfer wahrgenommen, weil man das typische Frauenleben mit Familienarbeit als Schwerpunkt grundsätzlich als die eigene Verwirklichung wahrnimmt.

Im Prinzip wäre daran nichts falsch, wenn wir in einer Gesellschaft leben würden, in der Familienarbeit ähnlich honoriert wird wie bezahlte Arbeit und damit eine ähnliche finanzielle und soziale Sicherheit bieten würde. Da dies jedoch nicht der Fall ist, befindet sich die Frau in finanzieller Abhängigkeit mit all den daraus resultierenden Folgen. Zweifel an dieser Situation werden verdrängt, aufkommende Bitterkeit heruntergeschluckt. Das Dasein für andere, das Dienen wird – auch vor sich selbst – als die ureigene Natur der Frau hingestellt. Sie ist doch scheinbar ein viel stärkerer Trieb als die Selbstverwirklichung, man kann eigentlich gar nicht anders. Man bedauert die anderen Frauen, die berufstätigen mit der Doppelbelastung oder die mit Karriere, die angeblich deshalb keinen Mann finden, vielleicht auch keine Kinder haben. – Wenn ich jetzt in einem Kreis von Frauen sitzen würde, wie viele würden beifällig nicken, leise seufzen, milde lächeln? Das Lächeln von Sklaven, denen ein guter Herr zum Lebensabend eine Art Gnadenbrot zukommen lässt? Er muss es ja nicht, die Frau hat keinen Anspruch darauf und dann ist sie eben dankbar: dem lieben Gott oder dem Leben insgesamt.

Gibt es denn keine Alternative? Gibt es denn keine Beispiele, dass es auch anders geht? Sklaven, die trotz größter Gefahren geflohen sind und trotz eines widrigen Lebens immer wieder das gleiche täten, nämlich die Fesseln abwerfen und eine gefährliche Freiheit einem Leben in Abhängigkeit vorziehen?

Wer sich mit einem abhängigen Leben abfinden kann, ist gut dran. Wer das aber nicht kann, leidet schwer darunter, vor allem dann, wenn die großen Aufgaben in der Familie erledigt sind, die Kinder ihre eigenen Wege gehen und frau selbst den Verzicht auf Selbstverwirklichung deutlich spürt. Wer die Kraft für einen späten, eigenständigen Neustart hat, den kann man nur beglückwünschen. Sehr oft hat sich das ständige Zurückhalten der eigenen Interessen in eine lähmende Lethargie verwandelt, aus der frau selbstständig nicht mehr herauskommt. Die einen werden zänkisch, die anderen depressiv oder krank, je nach Temperament oder Gemütslage. Die *Frauenrolle* passt viel weniger Frauen, als man meint. In früheren Generationen gab es kaum andere Möglichkeiten. Aber heute, da auch für Frauen ein freies und selbstbestimmtes Leben möglich ist, wird sie zunehmend als das wahrgenommen, was sie tatsächlich ist, nämlich ein Leben aus zweiter Hand. Bevor eine Frau *Du* sagt, sollte sie zuerst *Ich* sagen, das wäre der richtige Weg. Eine Partnerschaft, eine Ehe oder Familie ist immer ein gleichberechtigtes *Wir*, auch und gerade in finanzieller Hinsicht. Die Zeiten der Sklaverei sind Gott sei Dank vorbei, aber in subtiler Form besteht sie dennoch weiter, auch wenn dieses Wort dabei vermieden wird.

Eine Frau von sich abhängig zu machen, ihr zu suggerieren, dass sie alleine nicht klarkommt – denn sie hat ja kein ausreichendes regelmäßiges Einkommen, keinen Besitz, über den sie verfügen kann, ist dafür aber die Hauptverantwortliche für ein funktionierendes Familienleben –, was beschreibt das anderes als ein Sklavendasein? Das weibliche schlechte Gewissen, wenn die Familie nicht den Idealvorstellungen entspricht, wird durch antiquierte Moralvorstellungen von Gesellschaft und Kirche genährt und am Leben gehalten. Es wird zwar nicht direkt ausgesprochen, aber nachdem der Frau die Hauptverantwortung zugeschoben wurde, trägt sie auch die Hauptschuld bei Problemen. So einfach ist das. Solange der Mann – der *Ernährer* – Geld nach Hause bringt, kann ihm nichts passieren, ist er moralisch betrachtet unverdächtig. Bei einem Aufbegehren der Frau wird dann nicht selten Gewalt ausgeübt und sie flüchtet sich möglicherweise in selbstzerstörerisches Verhalten aus Verzweiflung. Hinter den Wohnungstüren herrscht das Gesetz des Dschungels. Wenn die Tür aufgeht, ist alles wunderbar, die Fassade ist heilig und die Wahrheit interessiert keinen. Abhängigkeit reizt zur Machtausübung bis zum Machtmissbrauch. Schlechte Laune, Ärger, Stress? Kann man bequem weiterreichen, die Frau muss es aushalten, das gehört zu ihrem Job als duldsames weibliches Wesen – wegen der Kinder, wegen der *Leute* und überhaupt. Der Frau droht nichts weniger als das Scheitern des eigenen Lebensentwurfs oder es steht gar die gesamte Existenz auf dem Spiel. Daraus folgen Stillhalten, Ausharren und Dulden bis zur Selbstaufgabe. Die große weibliche Lebenslüge, dass die Aufgabe einer individuellen Existenz mit einem gewissen Automatismus ein gutes Leben nach sich zieht, hat sich wieder einmal bewahrheitet als das, was sie eben auch sein kann: eine Lebenslüge. Keine Dankbarkeit, keine Anerkennung, nirgends. Alles was man gegeben hat, war selbstverständlich.

Frauen sind so, die können gar nicht anders, bekommt frau dann zu hören. Die Empörung macht sprachlos, bleibt sozusagen im Halse stecken, vor allem dann, wenn frau das Gefühl hat, dass es für alles, für jede Art von Veränderung, zu spät ist. Es ist die ständige Wiederholung des gleichen Elends, die dann doch erstaunt. Was ist mit den Töchtern? Halten sie solidarisch eher zur Mutter oder nicht doch zum Vater, der sie ob ihrer jungen Weiblichkeit bewundert und ihnen das Gefühl gibt, dass die immerwährende männliche Bewunderung ihnen sicher ist? Ist in der väterlichen Bewunderung nicht schon der Keim gelegt für das Gefallenwollen auf ewig und um jeden Preis, also auch um den Preis des eigenständigen Lebens? Und die Mutter … ist sie nicht eifersüchtig auf die Gunst des Vaters, die früher ihr allein gegolten hat? Ist es nicht sonnenklar, dass die Verbitterung einer enttäuschten Ehefrau den Vater abstoßen muss, wofür die bewunderte Tochter natürlich Verständnis entwickelt? – Ade, Solidarität. Wer fragt nach der Wahrheit? Niemand. Die Lüge beginnt sehr früh, ist für immer in die weiblichen Herzen eingebrannt, wenn sich nicht Vernunft und Wahrheitsliebe irgendwann Bahn brechen.

Aber das gute Leben der Frau – findet es denn nirgends statt? Es ist doch nicht alles Lug und Trug! Darum geht es auch nicht. Es geht darum, das zu tun, was frau tun möchte, und auch auf die Weise, wie frau es möchte. Man folgt der Spur seines Herzens genauso, wenn man sich für das Leben als Familienmensch entscheidet, wie wenn man eine Ausbildung macht und seinen persönlichen Schwerpunkt eben anders setzt. Es geht darum, dass frau sich keine Mogelpackung andrehen lässt, sondern in freier Selbstbestimmung entscheidet, denn dann, und nur dann, ist sie auch bereit, für eine solche Entscheidung die Verantwortung zu übernehmen. Wer alles aufgibt für andere, sollte sich im Klaren darüber sein, dass ein Leben im Dienst der Mitmenschen genau das ist, was frau sich vorstellt.

Bei allem Idealismus ist es jedoch ratsam, die Ökonomie nicht aus dem Auge zu verlieren. Sollten Veränderungen notwendig werden, dann sollten sie nicht aufgrund finanzieller Abhängigkeit scheitern. Das gilt natürlich für alle Bereiche des Daseins, aber vor allem dort, wo nicht darüber gesprochen wird, nämlich bei der unentgeltlichen Familienarbeit. Liebe ohne Klugheit wird gerne ausgenutzt. Wer möchte denn schon, wenn's um Gefühle geht, von Geld reden? Tötet das nicht die Romantik? Leider wird oftmals derjenige, der großzügig gibt, ohne Gegenleistung zu erwarten, für dumm erklärt und das muss frau sich wirklich nicht antun. Männer und Frauen leben in der gleichen Welt. Damit sie eine gute ist, vielleicht eine bessere wird, sollten sie ihr Bestes geben ... das, was man eben kann.

Man stelle sich nur vor, das weibliche Pendant würde es gar nicht geben und die spezielle Fürsorge, der empathische Umgang, das für andere Dasein wären aus der Welt verschwunden – wie kalt und leer wäre sie dann? Und man stelle sich weiter vor, es würde vielleicht doch einige Frauen geben, ganz selten, welchen enormen Wert sie dann wohl hätten? Aber das ist natürlich nur frommes Wunschdenken, ein unrealistischer Traum.

Das Patriarchat, ein Auslaufmodell?

Noch herrscht in weiten Teilen der Welt das Patriarchat, die Unterordnung des Weiblichen unter das männliche Diktat. Frauenwelt von Männergnaden; Zuckerbrot und Peitsche. *Wenn du dich so verhältst, wie ich es mir vorstelle, hast du – vielleicht – ein gutes Leben.* Sicherheiten gibt es keine und was richtig ist, bestimmt der Chef.

Die *kluge* Frau weiß das und passt sich an. Was soll sie sonst schon machen, um ein *gutes* Leben zu bekommen? Keine Unterstützung, keine Solidarität von den anderen Frauen ist zu erwarten, wenn sie ihre eigenen Wege gehen möchte, getreu dem Motto: *Uns gehts doch auch nicht besser.* Es ist ein perfides System mit einem eindeutigen Entweder-oder-Prinzip: *Entweder du passt dich an oder du bist draußen in der Kälte, ungeschützt, gefährdet, gar Freiwild manchen Orts.* Das *gute* Leben, verordnet von der Männerwelt. Was sie sich unter gut vorstellt, hat für die Frau dann auch gut zu sein. »Sei gefälligst dankbar«, heißt es dann, »ich tue schließlich alles dafür, dass es dir gut geht.« – Freie Selbstbestimmung und finanzielle Unabhängigkeit gehören allerdings nicht dazu. Besteht die Frau dennoch darauf, drohen Einsamkeit und gesellschaftliches Ausgeschlossensein – das wäre dann auch kein gutes Leben.

Für Frauen im Patriarchat gibt es somit kein selbstbestimmtes gutes Leben, sondern nur ein von den Männern verordnetes. Wenn dieses verordnete gute Leben aber nicht das erwünschte ist, dann hat frau eben Pech gehabt. Frau ist dann auch keine gute, da nicht an Männerwünsche angepasste Frau. Also ran an den Kochtopf, an den Putzeimer, an die Arbeit und dann abends – last not least – Beine breit und Maul halten, sonst gibts am Ende noch eine drauf. Was machen die Frauen, wenn sie es nicht mehr aushalten? Sie flüchten zu einem anderen Mann, einem vermeintlich besseren, in dessen Kopf sich jedoch die gleichen Rollenmuster befinden, die wiederum zum Vorschein kommen, wenn der Liebesrausch verflogen ist.

Natürlich gibt es auch nette, fürsorgliche und verständnisvolle Männer, die ihre Frau wertschätzen und achten, aber das Recht bleibt bei den Männern, das ist der Punkt, und dieses Recht fordert Unterordnung der Frau unter den Willen des Mannes. Deshalb muss eine Frau immer und überall zweigleisig fahren: Ausbildung, Job, eigene Wohnung und Partnerwahl extra. Rechtzeitig die Vernunft einschalten verschafft Lebensklugheit und diese – und nur diese – eröffnet die Aussicht auf ein gutes, selbstbestimmtes Leben. Das von den Männern geborene *kluge Frauenmodell,* nämlich weibliches Wohlverhalten, um männliche Dominanz nicht herauszufordern, was dann – vielleicht – belohnt wird, ist obsolet, hat ausgedient, ist Schnee von gestern. Auch wenn es in Tausenden Filmen immer wieder heruntergebetet wird, ist es Lug und Trug.

Im Prinzip braucht man keine Philosophie für Frauen, sondern Frauen, die den philosophischen Gedanken des guten Lebens aufgreifen und für sich nutzbar machen, allen Rollenbildern vom guten Leben einer Frau zum Trotz, wenn darunter ein Leben für die sogenannte *Liebe* verstanden werden soll. Was für ein tolles Frauenleben: Endlich ist der eine, der Einzige da, der Prinz, der die Angebetete auf sein Schloss führt und für den es sich scheinbar lohnt, alle guten Vorsätze vom selbstbestimmten Leben über Bord zu werfen. Was für ein Bockmist! Eine romantische Liebe ist natürlich etwas Wunderbares, Schmetterlinge im Bauch, man wandelt auf Wolken … was aber hat das mit Selbstaufgabe zu tun? Der Mann gibt sich auch nicht auf und macht sich auf Dauer zum Idioten – vielleicht eine Zeit lang, aber nicht auf Dauer, wie die Frau es leider viel zu oft tut.

Natürlich möchte man später als einigermaßen intelligentes Wesen nicht zugeben, einer Schimäre aufgesessen zu sein, deren Folgen man viel zu spät erkannt hat. Eigenständige Ansichten ade, Opportunismus ist jetzt dran. Es ist allenfalls erlaubt, hinter dem breiten Rücken des Gatten heraus zu keifen, aber natürlich die gleiche Melodie, nichts anderes. Wer gesteht es sich schon ein, selbst im Geheimen, dass frau lieber das bequeme Gefängnis gewählt hat, anstatt die wilde Freiheit? Mit den Wölfen heulen ist doch viel einfacher: *Buhuuu, was ist das doch für ein Scheißleben, dieses Frauenleben.*

Eigentlich sollte man sagen, mit den Hunden heulen, die es sich bequem gemacht haben bei den Menschen. Die echten Wölfe in der Wildnis nämlich verachten die Hunde. Die Freiheit ist gefährlich, aber ist sie nicht tausendmal besser als Gefängnis oder Sklaverei? Ist die Verachtung der Freien durch die Unfreien – der *schlaue* Hund verachtet den *dummen* Wolf – nicht auch ein Zeichen von Neid und von Zorn auf die eigene Unfähigkeit? Frauen haben die gleiche Sehnsucht nach Freiheit wie alle anderen. Sie gestehen es sich nur nicht ein und glauben, aus Liebe – als ein Diktat oder auch eine Verpflichtung empfunden – darauf verzichten zu müssen. Der Lohn – gesellschaftliche Anerkennung – ist ein karges Brot. Männer hingegen nehmen sich einfach, was sie wollen, und auch das ist gesellschaftlich anerkannt. *Männer sind eben so*, singt der Idiotenchor der Frauen unisono. Ihnen wird die Angst vor der Freiheit ohne männlichen Schutz solange eingeträufelt, bis sie davon überzeugt sind, dass sie zum einen männlichen Schutz brauchen und ihn zum andern nur bekommen, wenn sie dem Frauenbild, das Männer haben, auch entsprechen. Die eigene Identität und Persönlichkeit sind für dieses Bild eher hinderlich, denn wenn es darum geht, attraktiv und begehrenswert zu sein, haben Identität und Persönlichkeit nur einen geringen Stellenwert.

Die Selbstverleugnung der Frauen, um dem gewünschten Frauenbild zu entsprechen, mit dem Endziel, einen Mann zu ergattern, in dessen Schutz sie es sich bequem machen können, lässt keine Solidarität mit den unangepassten Frauen aufkommen, allenfalls Mitleid: *Das haben sie jetzt davon, geschieht ihnen recht, wäre ja noch schöner.* Wer nicht mitspielt, beim Jahrmarkt des Begehrtwerdens, ist draußen. Die ganze Quälerei mit der Schönheit – Gewicht und Figur, Haarfarbe und Frisur, High Heels und enge Klamotten – dient nur dem einen Ziel: ein attraktives Sexobjekt zu sein.

Die Selbstverleugnung kann dabei groteske Formen annehmen, wenn man an manche Modetrends denkt und auch an ein Verhalten Männern gegenüber, das an Speichelleckerei grenzt und allenfalls peinlich ist. Wie soll sich da bei den Männern Respekt gegenüber Frauen entwickeln? Sie haben dann das, was sie wollen, nämlich jemanden, der sie sexuell antörnt. Das ist dann mitunter jedoch nur noch die Karikatur eines Menschen und sie merken es nicht mal.

Das Frauenbild wird von jeher von den Männern bestimmt. Frauen sollen sich mit dem männlichen Blick auf sie identifizieren, dann werden Begehren, Liebe und Schutz in Aussicht gestellt. – Leider nur in Aussicht gestellt. Es ist eher so, wie bei einer Kreditkarte, bei der man nicht zur Rückzahlung gezwungen werden kann, es genügt das Versprechen, irgendwann mal zu bezahlen. Wenn nicht: Pech gehabt.

Männerliebe zu erringen … ist das nicht das eigentliche, das einzig wahre Ziel im weiblichen Dasein? Gibts da etwa sonst noch etwas? Man blicke nur auf die Kunst, auf die Darstellungen von Frauen – alle von Männern geschaffen: die Venus, die Mutter, die Hure, die Hexe, die Geliebte, die Ehefrau … Die Frauen denken *Ja so sind wir* und spielen ihre Rollen und spielen und spielen und glauben, dass es sich um ein eigenständiges Leben handeln würde. So jedenfalls wird es ihnen von der Gesellschaft immer wieder bestätigt. Es ist doch alles schon da: Musik? Männlich. Wissenschaft? Männlich. Kunst? Männlich. Und so weiter.

Während die Männer ihre Begabungen und Interessen pflegten, waren die Frauen jahrhundertelang mit Kindergebären, Kinderbeerdigen und selber bei der Geburt Sterben beschäftigt. Die ganze Einzigartigkeit beschränkte sich darauf, für ihn beziehungsweise später dann für die Familie da zu sein. Wie trostlos, wie eindimensional, wie traurig. Gerade habe ich in der Zeitung gelesen, dass eine Fünfzehnjährige Mathematik und Chemie studiert. In Deutschland. Jetzt! Gab es diese Begabungen früher nicht?

Eine wirklich eigenständige Frau ist heute unabhängig, auch und vor allem finanziell, und entscheidet selbst über ihr Leben. Seit wann dürfen Frauen studieren? Seit wann dürfen sie wählen oder ein eigenes Konto haben? Sind es zwei oder drei Generationen von Frauen, die diese Privilegien genießen? Auf jeden Fall nicht mehr. Männer hingegen bestimmen schon seit

Tausenden von Jahren, wo's langgeht. Seit wann gibt es die Me-too-Debatte? Vielleicht seit drei Jahren. Und seit wann gibt es schon sexuellen Missbrauch? Eben.

Man sollte allerdings nicht allzu viel zurückschauen, sondern nach vorne. Da gibts auch noch einiges zu tun, vor allem in den patriarchalischen Gesellschaften. Die Schlacht, die heute geschlagen wird, geht um den Erhalt der patriarchalischen Strukturen in vielen Ländern Afrikas, Asiens und des kompletten Orients. Die sexuelle Kontrolle der Frau, ihre Unterwerfung unter den männlichen Willen, ist in vielen Ländern, insbesondere in den muslimischen, Teil von Kultur und Tradition. Vielleicht ist der Kampf um das weibliche Selbstbestimmungsrecht ein ähnlicher wie vor 150 Jahren der gegen die Sklaverei? Irgendwann wurde diese auf der ganzen Welt als inhuman gebrandmarkt, auch wenn es sie versteckt immer noch gibt. *Der Mensch ist des Menschen Wolf* (Thomas Hobbes), wie wahr. Irgendwann wird man vielleicht verständnislos auf die Frauenverachtung früherer Generationen blicken, als Frauen gerade für Haushalt, Kinder, Beinebreit taugten und *mann* dafür auch noch zahlen sollte und sie ab einem gewissen Alter ausgemustert wurden.

Geld heißt Macht, heißt junge Frauen kaufen können, heißt ein echtes Männerleben führen können – mit diesem gewissen Augenzwinkern: *Wir verstehen uns doch, wir Männer mit den jungen Frauen. Die Alte? Na ja.* Ist irgendjemand solidarisch mit ihr, außer den anderen alten Frauen? Lebensleistung? Da reden wir nicht drüber, war doch selbstverständlich, die wollten es doch gar nicht anders. Haben sich nicht die jungen Mädchen einst begeistert für dieses Leben entschieden? Vielleicht haben sie auch nur die alten verbitterten Frauen nicht gesehen oder nicht sehen wollen und sich gedacht, sie machen alles besser? Vermutlich handelt es sich dabei um ein Lied mit unendlich vielen Strophen. Jeder bekommt am Ende, was er verdient, und der Lohn der Dummheit ist ein karges Brot. Man könnte es auch anders machen, auf die Alten hören, genauer hinschauen, kluge und weniger emotionale Entscheidungen treffen … Das macht es für den Mann allerdings schwieriger. Wer hat schon freiwillig Schwierigkeiten, wenn *mann* doch die Macht hat, es sich einfach zu machen? Und damit sind wir wieder bei der Frauenrolle angelangt.

Und da wäre doch noch … das schönste aller Gefühle. Hier sind Frau und Mann auf Augenhöhe – kurzzeitig –, die Frau, die begehrt wird, und der Mann, der sie begehrt. Der eine braucht den anderen, denn sonst stellt sich dieses überwältigende Gefühl nicht ein. Hier hat die Frau Macht – und verspielt sie, weil sie denkt, diese Macht sei ewiglich. Gefühle sind Zustände und Zustände verändern sich wieder. Was dann kommt, ist Zuneigung, Wertschätzung, Achtung – denkt Frau. Man möchte, dass es dem anderen gut geht. Soweit der Idealfall, den es natürlich gibt. *Mann* denkt allerdings wieder verstärkt an sich, an die eigene Größe und Bedeutung. Ab jetzt hat alles wieder seine *Richtigkeit.*

Wenn die Frau seine Dominanz anerkennt, geht es ihr – eventuell – gut. Wenn sie das allerdings nicht tut, sie gar infrage stellt in Form von Kritik, Widerspruch, eigener Meinung und ähnlichem *Ungehorsam,* hat sie mit Streit, letztendlich auch mit Gewalt zu rechnen. Die finanzielle Abhängigkeit ist der Hauptgrund dafür, dass sie das alles aushalten muss. Die Falle ist erst mal zugeschnappt, vor allem dann, wenn kleine Kinder da sind, für die sie sich verantwortlich fühlt.

Frauen sollten sich – rechtzeitig – mit ihrer eigenen Wirklichkeit auseinandersetzen. Sich kleinmachen für ein *gutes Leben* – ist das die Wirklichkeit, die frau vorschwebt? Stellt sie sich wirklich so ihr Leben vor? Auch wenn es bitter und ernüchternd ist, die eigene Wahrheit anzuerkennen, so ist es doch der notwendige erste Schritt für eine Veränderung, nämlich die Änderung des Wahrnehmens und Denkens. Daraus folgt dann die Entscheidung, ob frau weiterhin der Sklave eines anderen Willens ist oder sich von den Fesseln befreien möchte. Wo steht geschrieben, dass die Frau sich für andere opfern muss? Nirgends. Leider übernimmt die Frau allzu oft die gängigen Moralvorstellungen – die im Übrigen vor allem die Sache der Männer stützen, wen wundert's –, um gesellschaftlich anerkannt zu sein; als bedauernswertes Opfer zwar – *die Frau soundso hats aber auch nicht leicht* –, aber man ist wenigstens nicht alleine, sondern in bester Gesellschaft mit anderen enttäuschten Frauen. Ist frau dann glücklich? Vielleicht. Vielleicht ist die eine oder andere Frau lieber ein melancholisches Herdentier und holt sich Trost aus der Gewissheit, dass es den anderen auch nicht besser geht.

Die Freiheit kostet Kraft, benötigt Mut, macht vielleicht zunächst auch einsam. Aber dieses Gefühl eines selbstbestimmten Lebens – es macht alles wieder wett. Wenn sich die Gefängnistore öffnen, sind die ersten Schritte vermutlich auch noch unsicher, ich habe aber nie gehört, dass ein Gefangener lieber wieder umkehrt, als die Freiheit zu erproben. Ich denke, was ich möchte, ich entscheide, wie ich möchte, ich lebe, wie ich es mir vorstelle. Kein sich Verbiegen mehr, kein Aushalten von Übergriffigkeiten, keine erzwungene Erfüllung von Erwartungshaltungen gegen den eigenen Willen. Mein Leben ist mein Leben und bleibt es auch. Niemand, wirklich niemand hat auch nur das allergeringste Recht mein Leben, so wie ich es führe, infrage zu stellen. Sollen andere sich das Maul zerreißen – was geht das mich eigentlich an?

Aber ohne finanzielle Unabhängigkeit ist das alles sehr schwierig, fast unmöglich. Darum ist es ja auch verpönt, in der Liebe – der wahren und echten – von Geld zu reden. *Geld und wahre Liebe haben doch nichts miteinander zu tun*, flöten die dummen Mädels nach wie vor. Darum ist Armut auch immer noch weiblich. Die anderen aber, die Intelligenten, sollten rechtzeitig aufwachen aus ihrem Prinzessinnentraum und ihr Leben in die eigene Hand nehmen.

Analyse der weiblichen Wahrnehmung

Jetzt geht es in die Analyse, ins Detail, ins *Warum*. Ab jetzt kann nur noch eine Frau schreiben – kein Mann ist in der Lage, auch nur im Entferntesten die Wahrnehmung einer Frau nachvollziehen zu können. Sie versuchen es allerdings und die gläubigen Frauen, die niemals bereit sind, über sich wirklich zu reflektieren, übernehmen die männliche Sichtweise wie von einem Gott und bestätigen dadurch wiederum dieses unvollständige und verzerrte Bild: *Ja, wir sind schwach und verstehen vieles nicht. Ja, wir benötigen männlichen Schutz und männlichen Durchblick.* Selbst wenn wir es besser wissen, lassen wir uns aufmerksam die Welt erklären, um die männliche Dominanz, denn nur um die geht es, nicht zu verunsichern. Das Dummchen spielen, um seine Ruhe zu haben, aber lauthals klagen, wenn *mann* nicht liefert – ein bewährtes System für partnerschaftlichen *Frieden*.

Darum ist das Frauenbild von Männern in der Literatur so seltsam, so fremd, so uneigentlich, so holzschnittartig? Weil es im Prinzip nur die Wahrnehmung der Männer über Frauen reflektiert und die ist oft nur ein Wunsch-, ein Trugbild. Männer lesen natürlich gerne Bücher von Männern, in denen dieses Bild bestätigt und gefestigt wird: Die Frau als allzeitbereite, hingebungsvolle Geliebte, die leidend zurückbleibt, wenn er sich einer anderen Frau zuwendet, was ganz natürlich ist in einem Männerleben. Sie erträgt tapfer ihr Schicksal und macht weiter keine Schwierigkeiten, frühzeitig verhärmt allerdings, da er die ganz große Liebe war und in ihrem Herzen nur für ihn Platz ist. Wie schön und wie beschissen. Die Wirklichkeit heißt doch viel eher, mal ehrlich: ablegen und weitersuchen. Herzschmerz hat jeder, aber warum soll man jemandem, der einen verraten hat, allzu lange nachtrauern? Es ist vertane Lebenszeit!

Die Vielschichtigkeit und Komplexität einer Frauenpersönlichkeit bleibt den Männern meist verschlossen – auch weil sie manche Dinge gar nicht sehen wollen, zum Beispiel die Auswirkungen ihres eigenen Verhaltens. Sieht eine Frau verhärmt und unglücklich aus, dann braucht sie vermutlich nicht mehr und besseren Sex, sondern fühlt sich nicht richtig wahrgenommen, was aus Sicht der Frau heißt, dass sie sich nicht richtig geliebt fühlt. Dies wird in der Regel vom dazugehörigen Mann heftig abgestritten, er meint es doch nur gut, denn welcher Mann meint es schon von vornherein schlecht mit seiner Frau? Er hat doch nur sein eigenes Leben gelebt, na gut, vielleicht ohne ausreichende Rücksicht und Verständnisbereitschaft, aber ... Die eigenen Versäumnisse werden heruntergespielt, die

Frau ist einfach zu empfindlich, nimmt sich zu viel zu Herzen … Frauen eben. Verlegenes Grinsen, Schulterzucken, Fall erledigt.

Vielleicht wurden die Interessen der Frau auch übergangen, weil sie unbequem waren, weil sie vielleicht Verzicht auf vermeintliche Privilegien bedeutet hätten? Wenn man als Frau keine andere Möglichkeit hat, als zu klagen und zu appellieren, dann hat frau eben ein sehr geringes Gewicht, mit der Folge, irgendwann aufzugeben, klein beizugeben und abzutauchen in eine innere Scheinwelt. Als Ersatzhandlung werden Söhne öfters als Quasi-Ehemänner missbraucht als man meint. Die Mutterliebe pervertiert in einen Machtanspruch, der hier natürlich leicht durchzusetzen ist. Welcher Sohn durchschaut das schon? Aus Opfern werden Täter, die wiederum Opfer produzieren. Man sollte die stille Macht der unterdrückten Frauen nicht unterschätzen.

Aber soweit ist es noch nicht, auch wenn ich ab und zu auf das Ende und die möglichen Folgen eines solchen Lebens verweisen möchte. Man kann jedoch immer auch anders, man muss es wollen und man muss es tun. Das bleibt einem nun mal nicht erspart, wenn sich etwas ändern soll im eigenen Leben.

Ich möchte fortfahren mit der Wahrnehmung der Welt aus Sicht der Frau. Ich glaube, dass sich diese Sicht in vielen Dingen von der Sicht eines Mannes unterscheidet.

Frauen wachsen oft auf mit einem Gefühl der Bedrohung und der Unsicherheit auf. Diese These stelle ich einfach mal in den Raum. Woher stammt das Gefühl der Bedrohung? Vielleicht ist es die laute Stimme des Vaters, dazu die Stimme der Mutter, die leiser ist, in der Aufregung vielleicht auch schrill und laut, die aber keine Dominanz erkennen lässt, sondern vielmehr verborgene Angst. Kinder sehen und hören die Mutter weinen, nicht den Vater. Mädchen lernen, rechtzeitig ruhig zu sein, um keinen Zorn mit unabsehbaren Folgen zu erregen. Die körperliche Unterlegenheit erfahren Mädchen – vor allem die zarten und kleinen – schon sehr früh. Widerspruch ruft Dominanz auf den Plan, offener Widerstand kann zu Gewalt führen – das sind schon ganz frühe Erfahrungen. Besser nichts sagen, seine Gedanken für sich behalten, still und bescheiden auftreten.

Was tatsächlich an Gedanken in einem Mädchen entstehen … ist es wichtig? Interessiert es jemanden? Es kann sogar sein, dass diese Gedanken nicht ernst genommen oder lächerlich gemacht werden. Bei Jungs wird hingegen auf Zeichen von Dominanz, Durchsetzungsvermögen oder Intelligenz geachtet, wenn sie sich äußern. Das wird als positiv registriert. Dominante Mädchen gelten schnell als vorlaut, frech und unweiblich. Das wird also eher negativ gewertet. Man merkt es als Mädchen sehr schnell, dass man mit solchen Eigenschaften die Erwartungen nicht erfüllt. Es ist das Desinteresse der Erwachsenen an ihren persönlichen Anlagen, was Mädchen dann bewusst wird. Hat man eine langsamere oder schnellere Auffassungsgabe? Hat man spezielle Begabungen? Es wird nicht besonders darauf eingegangen, es ist nicht so wichtig, es ist irgendwie egal. Hauptsache man ist hübsch. Mädchen sollen durch ihre Attraktivität am Heiratsmarkt einmal gute Chancen haben, darauf kommt es an. Die Fähigkeiten eines Jungen werden sehr schnell definiert und entsprechend unterstützt und verstärkt. Dominanzbestrebungen werden als natürlich empfunden, Rücksichtnahme eher nicht eingefordert. Der Junge muss sich schließlich einmal behaupten und durchsetzen. Frau nicht? So ähnlich könnte die Geschichte vom kleinen und doch so großen Unterschied beginnen. Nur die starken und zähen Mädchen beginnen früh, um ihr Selbstverständnis zu kämpfen. Sie brauchen aber auch Eltern, die genau über diese Stereotypen Bescheid wissen und sich bewusst anders verhalten.

Ich hatte das Glück, solche Eltern gehabt zu haben. Sie haben mich rückhaltlos unterstützt, obwohl ich keinesfalls dem Idealbild eines Mädchens entsprach. Man machte sich zwar Gedanken wegen meines Desinteresses an kleinen Kindern und am Familienleben insgesamt, aber meine Eltern hatten erhebliche wirtschaftliche Sorgen und einfach keine Kraft, aus ihrem eigensinnigen kleinen Mädchen ein liebliches weibliches Wesen zu formen. Das war mein Glück, denn mich interessierten Bücher, Pferde, Musik und raue Spiele mit Gleichaltrigen. Ich fuhr gerne Rad, kletterte auch

mal auf Bäume und ging einer notwendigen handgreif-
lichen Auseinandersetzung nicht aus dem Weg, wobei
es mir egal war, ob ich mich mit Mädchen oder Jungen
stritt. Ich lebte in meiner Gedankenwelt und da war ich
nicht Prinzessin – wie albern, wie langweilig –, sondern
Häuptling, Cowboy, Scheich oder Seemann. Wir hatten
lange keinen Fernseher und so lebte ich ohne die dort
verordneten Rollenbilder mein ganz persönliches und
irgendwie männliches Dasein.

Wie schrecklich die Frauenwelt sein kann, habe ich
nie am eigenen Leib erfahren müssen. Es blieb natürlich nicht aus, dass ich dort dank der Pubertät gelandet
bin, aber da war ich schon erwachsen und stark. Vielleicht war dieses Zeitfenster, in dem ich meine Kindheit
erleben durfte – die 50er und 60er – in mancherlei Hinsicht ideal. Die Grausamkeiten des Krieges waren den
damaligen jungen Erwachsenen noch sehr frisch im
Gedächtnis. Das Elend der Vertreibungen, die Rechtlo-
sigkeit, das schiere Erduldenmüssen der Übergriffe der
Sieger war insbesondere für die Frauen eine traumati-
sche Erfahrung. Vielleicht waren meine Eltern auch
froh um so ein robustes Kind, wie ich es war, das sich
nicht einschüchtern ließ und wusste, was es wollte.

Ich wurde erst sehr spät aufgeklärt, mit 12 oder 13
Jahren, aber mir wurde schon sehr früh Angst gemacht
vor männlicher Gewalt – ohne dass ich wusste, um was
es sich dabei handelte. Ich sollte mich von niemanden
ansprechen lassen und schon gar nicht mit jemandem
mitgehen, wurde mir mehrfach täglich eingebläut.

So war ich zwar eher schüchtern und zurückhaltend, aber doch selbstbewusst, mutig und stark. Ich hatte keine Gewalt- oder Missbrauchserfahrungen, nie das Gefühl des Ausgeliefertseins oder der Unterlegenheit. Meine Mutter war eine Löwenmutter, mein Vater liebte seine Tochter und ich hielt vielleicht unbewusst die spannungsreiche Ehe der beiden zusammen, wer weiß. Auf jeden Fall wurde ich von allem *nicht Kindgerechten* – wie es meine Mutter auszudrücken pflegte – solange wie nur irgend möglich ferngehalten und bewahrt.

Das ging solange, bis es mir zu eng wurde und ich unbedingt mein eigenes Leben führen wollte, da war ich dann allerdings schon 21. Um diese Zeit machte ich dann meine ersten Erfahrungen mit der männlichen Dominanz, die mit meinem gut fundierten Selbstvertrauen kollidierte. Ich hätte es sicher einfacher gehabt, wenn ich mich *mädchenhafter* verhalten hätte, aber dieses Verhalten war mir fremd.

Was man darunter verstehen musste, fiel mir zunächst während des Studiums auf: Meine Kommilitoninnen hatten schon diese seltsame weibliche Art, in der Öffentlichkeit leise zu reden, möglichst nicht aufzufallen, sich gerne in Gruppen zu bewegen, sehr fleißig zu lernen und sich möglichst an die an sie gestellten Anforderungen anzupassen. Einige hatten schon Partner und fügten sich erstaunlich schnell in die Frauenrolle. Waren wir allein unter uns jungen Mädchen, benahmen sie sich ganz anders. Warum? Waren sie weniger reflektiert als ich? Wurden sie durch die Sexualität verändert (Stichwort *Hingabe*)? Sex hatte ich auch, guten und hingebungsvollen, aber dieses für mich neue Gefühl kollidierte komplett mit meiner starken Persönlichkeit, die ich als neutral ansah – ich bin ich – und sich keinesfalls an irgendetwas oder irgendjemanden anpassen wollte.

Ich bin sehr freiheitsliebend und diese Eigenschaft machte es mir besonders schwer, mich in ein Leben als Frau gemäß der überlieferten Frauenrolle einzufinden. Es ging einfach nicht. Bis ich das wirklich erkannte, vergingen – teils sehr leidvolle – Jahre, wenn nicht Jahrzehnte, zumindest was das Thema Partnerschaft anbelangte. Ich dachte immer, die angepassten Frauen hätten mir etwas voraus. Sie befanden sich so selbstverständlich in der Frauenrolle, dass ich dachte, mit mir würde etwas nicht stimmen. Erst viel später erkannte ich, dass sie eine andere Art von Leid zu tragen hatten, und war froh, dass ich meinen selbstbestimmten, oft einsamen und unverstandenen Weg gegangen bin. Wäre es anders, könnte ich diesen Essay nicht schreiben.

Wenn Frauen ihre Persönlichkeit zeigen, sind sie oft unter sich. Sie befinden sich in Frauenbereichen und sprechen über Frauenthemen. Was ihnen nicht wirklich klar zu sein scheint ist, dass sie sich damit in einer Nische befinden, in der sie nicht besonders ernst genommen werden. Nachdem sie im öffentlichen Leben immer noch unterrepräsentiert sind und somit nicht allzu viele Erfahrungen in Bezug auf Themen wie Wirtschaft oder Politik vorliegen, wenden sie sich eben Frauenthemen zu. Hier kennen sie sich aus, hier nehmen sie sich gegenseitig ernst. Hier kollidieren sie nicht mit den Männern. Wenn sich Frauen in einer gemischtgeschlechtlichen Gesprächsgruppe zu politischen Themen äußern – falls sie das überhaupt tun –, dann klingt das irgendwie bauchgesteuert und mit leiser Stimme, also nicht ernst zu nehmen.

Männer sind zwar in ihrer Einschätzung keinesfalls intelligenter, aber es kommt anders rüber: laut, dominant, selbstsicher – auch wenn es Bockmist ist. Mann lässt sich allenfalls von anderen Männern kritisieren, aber nicht von Frauen, das wird als ungehörig empfunden. Frau übernimmt in der Regel diese Sichtweise und schweigt. Sie hat diesbezüglich folgende Erfahrungen gemacht: Sie bekommt auf ihre Rede keine Antwort oder ihr wird bedeutet, dass sie vom Sachverhalt nichts versteht, oder das, was sie sagt, wird lächerlich gemacht. Frau lernt sehr früh, dass sie Aufmerksamkeit bekommt, wenn sie weiblich, jung und attraktiv erscheint. Aufgrund dieser Voraussetzung wird sie dann *ernst* genommen. Nicht wirklich ernst – frau sollte sich da nicht täuschen –, sondern aufgrund ihrer Eigenschaft als potenzielles Sexobjekt. Da möchte frau natürlich mit dabei sein in diesem Wettbewerb der Aufmerksamkeiten, denn wer ist schon gerne ein – wenn auch noch so intelligentes – Mauerblümchen? Da eine Frau nur einmal im Leben jung und attraktiv ist, weiß sie zu diesem Zeitpunkt noch nicht – woher auch, sie ist ja ausgerechnet dann jung, wenn sie noch völlig unerfahren ist –, dass die Aufmerksamkeit aufgrund ihrer sexuellen Ausstrahlung zustande kommt und nicht aufgrund ihrer Persönlichkeit. Sie denkt, man macht ihr den Hof und hört ihr zu, weil sie so klug und bedeutend ist. Das Ganze ist schnell zu Ende, wenn sie sich nicht erwartungsgemäß verhält (zurückhaltend, die männliche Dominanz, die hinter dem Wohlwollen kommt, akzeptierend), sondern völlig unbeeindruckt von der Schmeichelei ihren Anteil an Geld und Karriere einfordert. Wie unweiblich! Zuckerbrot und Peitsche für den Herrn der Schöpfung! Die Peitsche wäre hier Bestrafung durch Nichtbeachtung oder sexuelle Übergriffigkeit, was nichts anderes bedeutet, als aufzuzeigen, dass man notfalls zur Beute werden kann und keinesfalls zu den Jägern gehört. – Wenn eine Frau allerdings glaubt, vorwiegend mit ihren weiblichen Reizen Karriere machen zu können, muss sie sich über ein diesbezügliches männliches Verhalten nicht wundern. Ich gehe hier jedoch von einer ernsthaften jungen Frau aus, wie ich sie damals war.

Wenn sich etwas ändern soll, muss frau zur Wahrung der Selbstachtung gegensteuern, wenn sie sich unfair angegangen fühlt, auch und gerade dann, wenn es sich um Vorgesetzte handelt, die glauben, Abhängigkeiten ausnutzen zu können. Manchmal genügt es bereits, die Vorfälle laut beim Namen zu nennen. Das erfordert zweifellos Mut, der jedoch wächst, wenn man lernt, die Angst zu überwinden, und man erste kleine Erfolge damit hat.

Ich selbst kann von zwei an sich harmlosen, aber doch typischen Vorfällen berichten: Während meines Referendariats musste ich Unterricht halten, der regelmäßig beobachtet und beurteilt wurde. Wir waren zu dritt an der Schule – zwei männliche Kollegen und ich. Der ebenfalls männliche Betreuer hatte mit mir ein gewisses Problem, weil ich relativ selbstbewusst auftrat, gerne mal widersprach und ihn als Mann eher nicht beachtete. In der Bewertung meines Unterrichts hatte ich den Eindruck, dass ihm meine Art zu unterrichten grundsätzlich nicht gefiel. Die Noten lagen zwischen Vier und Fünf und das Bedauern in seiner Miene ließ mich erahnen, dass er an eine Verbesserung nicht glauben konnte. Ich wurde zusehends nervöser, schließlich drohte die Lehrprobe, und versuchte immer verbissener, mich und meinen Unterricht zu verbessern. – Umsonst. In meiner letzten Not ging ich zu unserem Ausbildungsleiter, der mir den Vorschlag machte, sich meinen Unterricht anzuhören und ihn anschließend zu besprechen. Ich solle aber meinen Betreuer nichts davon sagen, er würde quasi spontan erscheinen, mit kurzer Vorankündigung. So war es dann auch. Mein Betreuer war komplett überrascht und fragte mich, ob ich denn davon gewusst hätte? Natürlich nicht, sagte ich und sah ihm dabei gerade in die Augen. – Er wusste Bescheid. Der Unterricht verlief unspektakulär und wurde mit einer Drei benotet. Das blieb auch meine Note bis zur Lehrprobe. Das Öffentlichmachen einer offensichtlichen Ungerechtigkeit hatte genügt.

Das zweite Mal war ich in einer prekären Situation: Ich sollte meine Dienstaufgabe so wahrnehmen, dass Verbandsangehörige eines Sportbundes damit einverstanden waren, also aus politischen Gründen mit einem Verband kungeln und meine Dienstaufgabe nicht so genau nehmen. Das ging mir total gegen den Strich, es kam zur Auseinandersetzung mit den Vorgesetzten und ich sollte an eine andere Dienststelle versetzt werden. Mir ging es wirklich nicht gut, ich saß zwischen allen Stühlen und meine Karriere schien in eine Sackgasse zu geraten. Ein Vorgesetzter, der mich im Übrigen schätzte, machte mir ein *Freundschaftsangebot,* das ich höflich aber bestimmt ablehnte. *Das auch noch*, dachte ich damals, *mir bleibt aber auch nichts erspart.* Tatsächlich respektierte er aber meine Haltung und sorgte dafür, dass meine berufliche Laufbahn wieder gut weiter ging.

Was ich damit sagen will ist, dass man sich rechtzeitig Gedanken machen muss, wie man mit solchen Situationen umgeht. Man hat immer mehrere Möglichkeiten. Mit einer klaren Haltung signalisiert man schon eine gewisse Entschlossenheit, die in der Regel auch respektiert wird. Das Patriarchat lebt eben immer noch, nur nicht mehr so offen und brutal wie ehedem. Die Besetzungscouch in Hollywood zeigte es deutlich, wo es langging für die Stars. Wenn man möchte, dass sich diesbezüglich etwas ändert, muss man sehr früh damit anfangen, Mädchen zu stärken, und aufhören, Jungs in eine Art Herrscherrolle zu drängen, also auf vorgefertigte Rollenmuster in der Erziehung bewusst verzichten und den weiblichen Blick auf die Welt als genauso bedeutsam zur Kenntnis zu nehmen wie den männlichen. Die Welt kann nur besser werden, wenn die weibliche Sicht genauso selbstverständlich wie die männliche ist und nicht die belächelte Ausnahme.

Die weibliche Wahrnehmung, was ist das eigentlich? Wie kann man sie unterscheiden von dem, was nach männlicher Einflussnahme noch übrig bleibt? Ein Beispiel: Zwei Geschwister – Junge und Mädchen – beschäftigen sich. Das Mädchen besitzt ein Zwergkaninchen, das es hingebungsvoll versorgt, der Junge konstruiert mit Legobausteinen. Was sagt uns das? *Beim Mädchen wird der Pflegetrieb, also die künftige Mutter sichtbar, beim Jungen der erfolgreiche Ingenieur.* Der meist eindimensionale Blick ist dabei das Problem. Die Aufmerksamkeit für das Kaninchen kann so vieles bedeuten, vielleicht soziales Engagement in der Politik, vielleicht eine Karriere in den Gesellschaftswissenschaften, vielleicht eine veterinärmedizinische Ausbildung … alles Dinge, von denen die Gesellschaft auch profitiert, und zwar nicht weniger, als wenn ein weiterer Erdenbürger zu den bereits 7,5 Mrd. hinzugefügt wird. Man könnte auch das Mädchen ermuntern, mit den Legosteinen irgendetwas Kreatives zu formen, oder den Jungen dazu anhalten, sich um das Kaninchen zu kümmern.

Es geht hier um die Beachtung der Gleichwertigkeit von Interessen und Anlagen. Ebenso muss dominanzbetontes Konkurrenzverhalten zurücktreten zugunsten der gleichwertigen Wahrnehmung des anderen. Wer entscheidet denn, was hier besser oder wichtiger ist, wenn nicht die Erziehenden? Der diesbezügliche Lernprozess der Gesellschaft in Richtung echter Toleranz und tatsächlicher Gleichwertigkeit dauert sicher noch lange, die normativen Vorstellungen halten sich zäh und werden teilweise verbissen verteidigt. Das hat durchaus etwas mit Rassismus zu tun, wenn man diesen Begriff entsprechend weit fasst.

Eine Folge der ständigen Abwertung des Weiblichen ist eine gewisse Besorgtheit, Unsicherheit und letztendlich Angst bei den Frauen. Genügt frau den Anforderungen? Die Maßstäbe werden von den Männern gesetzt: Selbstbewusstes, dominantes Auftreten, laute Stimme … alles Dinge, die man bei Mädchen nicht verstärkt, weil sie als unweiblich empfunden werden. Unsere menschliche Welt wurde – das muss einem klar sein – von Männern für Männer errichtet. Für Frauen wurde hier kein Platz geschaffen, außer der von den Männern zugewiesene – sie müssen ihn sich erobern.

Aber es gibt eben nicht nur tapfere und mutige Mädchen, die für ihr Selbstverständnis kämpfen. Die Mehrheit der Mädchen lässt sich durch dominantes Auftreten schnell einschüchtern, passt sich an, ordnet sich unter. Die *angestammte Frauenrolle* als Mutter und Frau an *seiner Seite* wird dann als Zufluchtsort gesehen. Es ist also auch Sache der Männer (wenn sie wollen, dass die Gesellschaft gerechter wird), sich zurückzunehmen, unerwünschtes Verhalten ihrer Geschlechtsgenossen zu kritisieren, dazwischen zu gehen, wenn es sein muss, und vor allem die Mädchen zu ermutigen.

Hierzu fällt mir noch ein kleines, für mich damals sehr ermutigendes Ereignis ein. Es betrifft wiederum die Ausbildungszeit an besagter Schule: Nachdem mein Betreuer zähneknirschend die Abwertung meines Unterrichts aufgeben musste, glaubte er, mir während einer Unterrichtsbesprechung einen fachlichen Fehler nachweisen zu können. Einer meiner beiden Kollegen sprang mir ganz ruhig und emotionslos bei. Er sagte nur: »Nein, hier haben Sie nicht recht. Das was meine Kollegin gesagt hat, ist fachlich korrekt.« Das Ganze ist 40 Jahre her, aber ich habe es nicht vergessen und es tut immer noch gut. Am Ende meiner Ausbildungszeit sagte mein Betreuer zu mir: »Sie haben eine ausgesprochene Kämpfernatur.« Auch das hat mir gutgetan.

Das ideale Männerbild der Frauen ist im Übrigen nicht der muskelbepackte Testosteronidiot, der wie ein Gorilla auftritt, sondern ein mutiger, empathischer, selbstbewusster Mann, der den Frauen nicht Angst macht, sie auch nicht kavaliersmäßig um den Finger wickelt, sondern ihnen ehrlich auf Augenhöhe begegnet. Diese Ehrlichkeit wäre sogar spürbar, wenn sie denn stattfinden würde. Ich sage nicht, dass es solche Männer nicht gibt, nur leider viel zu selten. Sie sollten die Mehrheit stellen.

Ist Humanität weiblich?

Das Verhältnis zwischen den Geschlechtern ist sehr oft unehrlich und von Eigennutz bestimmt. Das *Du*, das die Ergänzung des *Ich* darstellen soll, hat nicht den Platz, den es benötigt, um aus zwei Hälften ein Ganzes zu machen. Es hat in unserer Ellenbogengesellschaft zu wenig Raum und Gewicht. Dominanzbestrebungen führen immer zu einer Schieflage zwischen Menschen, ähnlich wie zwischen Nachbarn. Ein friedliches Miteinander lässt alle profitieren und prosperieren, ein Gegeneinander führt zu Abgrenzung und Krieg. Es ist ein ständiger Prozess, den jede Generation erneut durchlaufen muss. Was im Großen gilt, ist auch im Kleinen richtig, es gibt hier keine Sicherheiten oder Selbstverständlichkeiten. Aus einer autoritären Familienstruktur in einer Gesellschaft kann keine belastbare Demokratie entstehen. Gesellschaften, in denen die weibliche Wahrnehmung, das Zugewandte und Humane nicht die Wertschätzung – und ich meine jetzt auch die ökonomische Wertschätzung – erfährt, die ihr zukommen muss, sind brutal und gewalttätig, wie es die Vergangenheit und leider auch die Gegenwart zeigen.

Man muss wachsam sein und die Sache der Frauen vertreten, wo es zu Schieflagen kommt. Es geht hierbei auch um unser Menschenbild, das wir uns geben, und um die Humanität in zukünftigen Gesellschaften. Also nicht den Mund halten, sich nicht einschüchtern lassen, sondern auch einmal einen Konflikt riskieren und Dinge beim Namen nennen, die nicht in Ordnung sind. Eine Scheinharmonie führt zur Stagnation und in ihrem Schatten wächst wieder die Gewalt.

Der Mensch ist nicht per se gut, sondern er muss sich dazu entscheiden. Man darf nie vergessen, dass er – evolutionsbedingt – starke *Überlebensgene* besitzt, wie Macht- und Besitzanspruch oder den Wunsch nach Verteidigung der eigenen Sippe gegen das *Fremde,* die insbesondere bei der männlichen Hälfte der Menschheit wirksam sind. Es gilt, sie bewusst zu steuern und in positive Kräfte zur Problemlösung umzuformen. Die destruktive Variante dieser Kräfte kennt die Menschheit zur Genüge, braucht sie in einer aufgeklärten offenen Gesellschaft aber nicht – eigentlich überhaupt nicht.

Die heutigen Probleme sind die Probleme aller und können nur gemeinsam gelöst werden. Während der technische Fortschritt ein Kontinuum darstellt – das Bessere ersetzt das weniger Gute –, ist es um den humanitären Fortschritt nicht so einfach bestellt. Ein Rückfall in die Barbarei droht immer wieder und diese Drohung muss ernstgenommen werden. *Humanität* heißt, die Menschlichkeit im Umgang mit anderen und in der Steuerung der gesellschaftlichen Entwicklung ganz oben anzusiedeln. Es geht um gerechte Teilhabe an den Möglichkeiten, die eine Gesellschaft bietet, und um das Leben individueller Freiheit für alle. Das persönliche Schicksal mag manches verhindern, was man sich vorgestellt hat, die gesellschaftlichen Rahmenbedingungen sollten es jedoch ermöglichen. Das Menschenbild, nach dem wir uns richten, geben wir uns selbst. Religiöse Toleranz ist eine menschliche Errungenschaft und keine Selbstverständlichkeit, wenn man sieht, wie in manchen Ländern auch heute noch mit *Ungläubigen* verfahren wird.

Die Entwicklung der Humanität in den Ländern der westlichen Zivilisation ist über die Jahrhunderte eine kontinuierliche, bei genauerer Betrachtung gibt es jedoch immer wieder Rückfälle in archaisches Verhalten. Der letzte Rückfall ist in Deutschland gerade einmal vor 75 Jahren beendet worden, und zwar nicht von den Deutschen selbst. Kultur und technische Entwicklung sind eine Sache, Humanität ist eine andere. Bei den Römern gab es Hygiene, Dichtung und Bildhauerei von höchster Güte, aber es gab auch Sklaverei, Gladiatorenkämpfe und grausame Siegerjustiz. Ein gutes Leben für alle heißt, den humanitären Gedanken weiterzuentwickeln. Dies ist allerdings nur in liberalen Demokratien möglich, in denen Ungerechtigkeiten beim Namen genannt werden dürfen, ein verlässliches Rechtssystem herrscht und Extremismus jeglicher Couleur einer scharfen Beobachtung unterliegt.

Wir Menschen bauen unsere Welt selbst und wenn sie gut sein soll, dürfen wir sie nicht den falschen Kräften überlassen. Dieser kleine Ausflug in die Politik war insofern notwendig, da eine humane Gesellschaft immer auch mit der Stärkung des Weiblichen zusammenhängt. Mit *weiblich* meine ich die weiblich inspirierten Kräfte in einer Gesellschaft. Diese Kräfte werden auch von Männern vertreten, sofern die Gesellschaft diese Art von *Männlichkeit* akzeptiert. Leider müssen Männer mit dem Vorwurf der *Unmännlichkeit* leben, wenn sie Gefühle zeigen, empathisch reagieren und eine entsprechende Einstellung vertreten. – Mein Vater war sechs Jahre im Krieg und ist vor 20 Jahren gestorben. Für ihn und seine Generation bedeutete *Männlichkeit*, keine Gefühle zu zeigen und sie am besten gar nicht zu haben.

Der gesellschaftliche Wandel hin zu mehr Empathie ist also noch relativ jung und von daher auch gefährdet. Er benötigt Unterstützung von allen Seiten, weil er auch nicht überall auf der Welt gleichmäßig vollzogen wird. Immer wieder wird ein antiquiertes Männerbild von einem strahlenden Helden, der gegen das Böse kämpft und dem Guten zum Durchbruch verhilft, in immer neuer Variation in Szene gesetzt, wobei *Gut* und *Böse* der jeweiligen gesellschaftlichen Betrachtungsweise unterliegen. Der Mann als Krieger und Kämpfer wird immer wieder idealisiert und den Frauen als angeblich von ihnen selbst gewünschtes Männerbild präsentiert.

Warum ist das so? Warum möchte man sich so ungern von diesen doch eigentlich unrealistischen Rollenverteilungen trennen, um sich stattdessen mit den realen gesellschaftlichen Bedingungen auseinanderzusetzen? Ein Grund könnte zum Beispiel Angst sein, die in Frauen auf eine Weise verankert ist, wie es sich Männer nicht vorstellen können. Daher kommt natürlich auch die Heldenrolle für den Mann. Im Ernstfall ist man als Frau immer Opfer, nie Täter. Die Sorge und auch die Angst, zum Opfer werden zu können, wächst bei den Frauen von klein auf mit: Opfer von Gewalt, sexueller Ausbeutung und harmloseren Varianten zu werden, die aber immer eine Bedrohung der Unverletzlichkeit der Person bedeuten. Natürlich ist diese Bedrohung maskulin und verkörpert das Böse, den bösen Mann sozusagen, während der *gute* Held Frau und Familie beschützt.

Diese Stereotypen sind tief verankert in jeder Gesellschaft und es bedarf noch vieler Generationen aufgeklärter Erziehung, um hier ein anderes Menschenbild zu schaffen. Wenn man möchte, dass sich hier etwas ändert, muss man sich dazu entschließen, daran mitzuwirken. Das kann nur durch das eigene Vorbild erfolgen, indem man sich entsprechend äußert und sein eigenes Sein danach ausrichtet. Um sich zu behaupten, sind viele kleinere und größere Auseinandersetzungen erforderlich, die man für sich als Sieg oder Niederlage verbuchen kann. Die Angst hat die Eigenschaft größer zu werden, wenn man sie füttert und kleiner zu werden, wenn man ihr mit Vernunft und Schulterzucken begegnet. Man muss sich das aber auch vornehmen und umsetzen und nicht nur darüber reden. Man muss seinen

Willen aktivieren und Herausforderungen bewusst annehmen. Jede bestandene Auseinandersetzung stärkt das Selbstbewusstsein und erleichtert damit das Leben im öffentlichen Raum.

Denn darum geht es vor allem: die Eroberung des öffentlichen Raums für den weiblichen Blick auf die Dinge. Es geht darum, sich dem Druck zu entziehen, sich nach männlicher Definition *weiblich* verhalten zu sollen. Weiblich ist jedoch das, was eine Frau selbst als weiblich, als *ihre Weiblichkeit* definiert. Sie ist nicht genormt, sondern genauso individuell, wie die jeweilige Männlichkeit. Deshalb sollte sich eine Frau ihre Vorbilder sorgfältig aussuchen und sich an gelebtem Leben orientieren. Es gibt sehr viele spannende Beispiele. Ich möchte hier Astrid Lindgren nennen, weil sie ihren Weg gegangen ist, als es noch wirklich schwer war für eine Frau. Der Erfolg kam erst später, will sagen, man muss seinen Weg gehen, auch und gerade dann, wenn man nicht weiß, ob er erfolgreich sein wird.

Gutes und gepflegtes Aussehen ist die eine Sache, Attraktivität wird jedoch durch die individuelle Persönlichkeit ausgedrückt. Es ist die Einzigartigkeit eines Menschen – Mann wie Frau –, die anziehend wirkt. Zu einer echten und wirklichen Individualität gehören innere und äußere Unabhängigkeit, eine selbstständige Existenz, die mit Mut, Selbstvertrauen und Überzeugung gelebt wird. Die Sehnsucht nach einer guten Partnerbeziehung darf nicht zur Selbstaufgabe führen, zur Anpassung an Männerwünsche um jeden Preis. Das sich Verbiegen – was soll es bringen? Man muss das dann immer machen und bei der ersten Enttäuschung – die so sicher kommt, wie das Amen in der Kirche – fühlt man schon die Verbitterung. Man hat doch alles gegeben und es wird weder gesehen noch gewürdigt. Wäre man sich selbst treu geblieben, dann hätte man sehr schnell gemerkt, ob der Partner zu einem passt oder nicht. Der sogenannte *Macho*, der durch seine dominante Männlichkeit *weibliches* Verhalten einfordert, hätte dann vielleicht mal ausgedient, könnte allenfalls noch als Lachnummer im Kino besichtigt werden. So ähnlich wie die Frauen in den 50er-Jahre-Filmen, mit ihrem kindlich mädchenhaften Verhalten und den hohen Pieps-Stimmen. Ich sage nur *Schwarzwaldmädel*.

Starke selbstbewusste Frauen sind somit in der Lage, männliches Verhalten zu verändern. Die Welt kann also auch dadurch zum Positiven verändert werden, im Sinne von *humaner werden*, wenn Frauen aufgrund ihrer inneren Stärke ein modifiziertes männliches Verhalten einfordern. Man macht sich damit nicht nur Freunde, das wird einem sehr schnell klar werden. Die Reaktion der *starken Männer* ist zum Beispiel Frauenverachtung, was sonst. Das ist normal, damit muss man rechnen. Im Grunde heißt das doch, dass man richtig liegt. Keine Reaktion, gelangweiltes Schulterzucken wären auf jeden Fall die schlimmere weil ineffektive Variante. Aber soll man deshalb aufgeben, was man als richtig erkannt hat, und in alte Rollenmuster zurückfallen, die einen unglücklich machen? Schrammen heilen wieder, ein trauriges Leben bleibt einem erhalten – das sollte man sich in solchen Fällen immer vor Augen halten.

Es war nie einfach und es wird nie einfach sein. In jeder Generation sollte aber ein kleiner Fortschritt möglich sein, sofern Frauen auch ihre Selbstbestimmung auf dem Schirm haben und nicht nur ihr Dasein für andere. Die moderne Medizin mit ihrer Möglichkeit der Geburtenregelung hat den Frauen ein Maß an Freiheit geschenkt, wie sie es noch nie hatten. Sie müssen lernen, diese für sich zu nutzen. Das ist erst seit ca. 50 Jahren in diesem Umfang möglich und was sind schon zwei Generationen bei einer gesellschaftlichen Entwicklung, die fest gefügte tradierte Rollenbilder verändern soll? Man kann hier keine Wunder erwarten und sollte sich mit einem Erfolg in kleinen Schritten zufriedengeben.

Die Natur zeigt uns in vielerlei Hinsicht, was Gleichberechtigung wirklich heißt. Es sollte doch möglich sein, was die Natur per *Instinkt* verordnet hat, per menschlicher Vernunft zumindest genauso gut zu machen. Die geistige Freiheit des Menschen kann dazu genutzt werden, sich gegenseitig Schaden zuzufügen oder aber seine Triebe zu steuern und zu allseitigem Nutzen zu handeln. Ohne die Gleichwertigkeit des Weiblichen wird das jedoch nicht möglich sein. Eine Definition des Weiblichen durch die Protagonistinnen selbst tut not. Es geht nicht darum, althergebrachte Definitionen in Bausch und Bogen zu verdammen, das Rad sozusagen neu zu erfinden, es geht vielmehr darum, sie zu ergänzen, die ganze Komplexität einer weiblichen Existenz sichtbar zu machen und vielleicht ein wenig die Gewichte zu verschieben.

Natürlich hat die Biologie die Frau insofern determiniert, als sie Kinder zur Welt bringt und anfänglich für ihr Überleben sorgt. Diese Sorge, die empathische Hinwendung zum Kind, ist in der Regel absolut. Sie kommt tatsächlich aus dem tiefsten Inneren des Gemüts und wird nicht vernunftmäßig begründet. In der Natur ist ein ähnliches Verhalten beobachtbar. Der Schutz einer Mutter und deren Nachwuchs hat im Herdenverhalten der höheren Säugetiere oberste Priorität. Die Trennung einer Mutter von ihrem Nachwuchs wird sowohl im Tierreich als auch beim Menschen als besonders grausam und inhuman empfunden. Die Mutter erlebt sich selbst als bedeutend und fühlt sich durch die Mutterschaft gesellschaftlich aufgewertet. Dies ist insbesondere dann der Fall, wenn sie ihr bisheriges Leben eventuell als sinnleer, bedeutungslos oder unbefriedigend erlebt hat.

Das eigene Kind ist damit der große Sinnstifter im Leben einer Frau und verdrängt sehr oft den Partner von Platz eins, was manchmal – vor allem in der Vergangenheit und bei autoritären Familienstrukturen – nicht ganz konfliktfrei verläuft. Insbesondere dann, wenn der Vater des Kindes nicht partnerschaftlich eingestellt ist, empfindet er den Nachwuchs als Konkurrenz und fühlt sich degradiert. Aus diesem Gefühl können schwere innerfamiliäre Konflikte entstehen, die durchaus vermeidbar wären, wenn man denn die Familie als gemeinsames Projekt sehen könnte, was wiederum mit der Aufwertung des Weiblichen verbunden ist.

Manche Frauen möchten mehrere Kinder, weil die Kindschaft ein besonderes Glücksgefühl erzeugt und man dieses dadurch noch vergrößern möchte. Wer seine gesamte weibliche Existenz auf die Mutterschaft begründet, wie es die vorherigen Müttergenerationen eventuell vorgelebt haben, sieht manchmal die Realität und auch die Schattenseite dieser Entscheidung zu spät. Die Kinder entwachsen der engen Bindung schneller, als man meint. Sie wollen ihre eigenen Wege gehen, haben weitere Bezugspersonen, die ihnen wichtig sind, und benötigen nicht mehr so viel Zeit und Hingabe wie anfangs. Die Frau sollte sich dann ihrerseits wieder verstärkt auf ihre Individualität besinnen, auf ihre Begabungen, Wünsche und Interessen, aus denen sich dann auch wieder Sinn ergibt. Das Leben wird gehaltvoller, bunter und abwechslungsreicher, möglicherweise auch anstrengender, während man seine Kinder auf ihrem Lebensweg begleitet. Das unausweichliche Loslassen fällt dann leichter – ein Vorteil und Gewinn für alle Seiten. Die Kinder lernen Selbstständigkeit und Eigenverantwortung und sehen in der Mutter auch einen Menschen mit eigenen Ansprüchen, die es zu respektieren gilt. Dieses Frauenbild nehmen sie dann mit ins Erwachsenenleben.

Die häuslichen Arbeiten sollten auf mehrere Schultern verteilt werden, sodass sich alle für das Gelingen des *Projekts Familie* zuständig fühlen und nicht nur eine Person. So wäre der Idealfall. Tatsächlich ist es in vielen Fällen immer noch so, dass die Frauen ganz selbstverständlich ihre gesamte Energie und Aufmerksamkeit der Familie widmen und sich in diesem Bereich für alles zuständig erklären. Natürlich ist die Frau dadurch bedeutend und hat unbestritten eine Machtposition, die unangreifbar ist, diese ist jedoch erkauft mit der Aufgabe der eigenen Individualität und Unabhängigkeit. Die Verwirklichung des *Eigenen* ist auf der Strecke geblieben. Was man zunächst als die große Aufgabe gesehen hat, für die sich alles an Hingabe zu lohnen schien, bricht am Ende weg und damit ein großer Teil des Lebenssinns und der eigenen Bedeutung.

Die Kinder, die das Haus verlassen, erzeugen einen großen Trennungsschmerz – frau spürt, sie gehören jetzt der Welt. Die ganz enge Bindung vom Kind zur Mutter ist beendet (nicht aber umgekehrt!). Leere und Unausgefülltsein können sich breitmachen. Wer hier nicht rechtzeitig Sinnmöglichkeiten geschaffen hat, die auch tragen, fällt möglicherweise in ein tiefes Loch. Männer fühlen nur dann Ähnliches, wenn sie in den Ruhestand eintreten und feststellen, dass sie außer der Berufstätigkeit keine Interessen gepflegt haben und plötzlich unter Bedeutungsverlust leiden. Was ich sagen möchte ist, dass die Elternschaft zwar eine sehr beglückende Zeit ist, aber in ihrer zeitlichen Begrenztheit, was die große Intensität anbelangt, nur eine Phase im Leben darstellt – das gilt für Frauen wie für Männer. Es gibt eine Zeit vor der Elternschaft, die man für Ausbildung, Berufsaufbau und Interessenspflege nutzen sollte und es gibt eine Zeit während der Elternschaft, in der sich die Gewichte zugunsten der Familie verschieben, und es gibt eine Zeit danach, in der man wieder mehr sich selbst gehört. Das gilt es zu berücksichtigen, wenn man einmal auf ein erfülltes Leben zurückblicken möchte. Es bleibt jedoch festzuhalten, dass ein solches Leben kein bequemer Spaziergang ist, sondern Frauen wie Männer auf vielfältige Weise fordert.

Die Lebenszeit und die Lebensenergie sind begrenzt. Sie zu nutzen für ein individuelles, spannendes Leben ist wahre Lebenskunst. Es geht darum, seinem Leben den eigenen Stempel aufzudrücken, die Aufgaben, die einem das Leben stellt, auf seine eigene einzigartige Weise zu erledigen, und nicht darum, sich bequem treiben zu lassen, das zu tun, was die anderen machen, und sich letzlich zu beklagen, wenn sich Träume nicht erfüllen.

In einer freien und offenen Gesellschaft, wie sie Deutschland heute darstellt, sollte es für jeden möglich sein, sich aus beengenden Traditionen zu befreien und ein für sich angemessenes Lebensmodell zu wählen. Unsere Mütter und Großmütter, die im Übrigen nicht die Möglichkeiten hatten, wie die heutige Frauengeneration, würden möglicherweise den Kopf schütteln, wenn sie sehen könnten, wie viele Frauen ohne nachzudenken das immer gleiche Lebensmodell wählen. Das große Dilemma bei einer gesellschaftlichen Veränderung stellt fast immer das unreflektierte Herdenverhalten von Menschen dar. Der gewohnte Pfad, das was *alle* machen, verspricht eine Sicherheit, die tatsächlich nicht besteht. Die Menschen sind nun mal unterschiedlich. Was für den einen gut ist, mag für einen anderen falsch sein. Für Frauen gilt besonders, sich ihrer eigenen weiblichen Individualität und Identität bewusst zu werden, und zwar nicht nur in Bezug auf ihre Weiblichkeit im Unterschied zur Männlichkeit, was eine mögliche Partnerschaft anbelangt. Natürlich ist eine gelungene Partnerschaft ein Quell für eine große Lebenszufriedenheit, aber eben nicht der einzige Quell. Das gilt sowohl für Männer als auch für Frauen, nur dass sich Frauen noch viel zu oft auf das Partnerschaftsleben und die Familie reduzieren lassen. Was so selbstverständlich daher kommt, kann für die eine oder andere Frau, die noch andere Lebenspläne hat, aber trotzdem falsch sein. Weiblich sein heißt, seine Einzigartigkeit bewusst zu leben und zu erleben. Man sollte sich von daher immer fragen, ob man etwas macht, weil man es für gut und sinnvoll hält, oder weil man glaubt, einer Rollenerwartung nachkommen zu müssen.

Man muss sich aber über die Mächtigkeit einer gesellschaftlichen Erwartungshaltung im Klaren sein. Je nach Neigung und Begabung kann man dabei auch zum Außenseiter werden. Deshalb muss man schon frühzeitig lernen, seinen Weg zu gehen, um innere Stabilität zu erreichen. Wer sich immer angepasst hat, dem fällt es später naturgemäß sehr schwer, aus der *Herde* auszuscheren, selbst wenn man es gerne möchte. Wenn man es aber gelernt hat, den feinen Unterschied zwischen angepasstem und eigenständigem Handeln wahrzunehmen, dann läuft er wie ein Hintergrundton ständig mit.

Im Übrigen reagiert die Umwelt auf lange Sicht auf individuelles Standing viel positiver als auf angepasstes Herdenverhalten. Diesen Respekt muss man sich allerdings erst erarbeiten. Man muss die Angst davor überwinden, was passieren könnte, wenn man aus der Herde ausschert. Man muss das Verlassen der Herde daher zunächst mit der Angst üben, bevor es einem zur eigenen Natur und damit selbstverständlich wird. Die Herde bedeutet Schutz und Sicherheit. Das Leben außerhalb der Herde wird als gefährlich, auf jeden Fall zunächst als unangenehm empfunden, bevor man es gelernt hat, angstfrei man selbst zu sein.

Der Mensch ist aber nicht nur ein Herdentier, sondern er ist auch lernfähig. Sich aus Überzeugung ein anderes Verhalten anzueignen, ist jedoch mühsam, unbequem und macht manchmal einsam. Nur die Überzeugung, dass ein individuelles Leben zufriedener und erfüllter macht als ein Mitläufertum, schafft die nötige Motivation, um hierfür genug Energien zu haben und nicht vorzeitig aufzugeben.

Je öfter man sich überwindet, je weniger man sich von der Angst, sich zu blamieren oder schief angeschaut zu werden, diktieren lässt, was man tut und sagt, umso freier und *menschlicher* wird man. Die Möglichkeit der Entscheidung ist nun mal der große Unterschied zur übrigen Natur und macht den Menschen aus. Ein gutes Menschenleben ist ein eigenständiges und nicht fremdbestimmtes Leben. Wer gut lebt, kann auch gut sterben – und das müssen wir alle. Man sollte das nicht vergessen.

Seine individuelle Existenz als Frau zu leben ist immer noch etwas Neues, Avantgardistisches, Unerhörtes. Da können einen auch die zahlreichen Frauen, die es inzwischen *geschafft* haben, nicht darüber hinwegtäuschen. Man betritt immer noch Neuland, quasi seinen eigenen Planeten. Diese Spannung und Erwartung auf das Neue verschaffen einem die nötige Energie, um mit den Widerständen und Ablehnungen fertig zu werden, die einen nun erwarten, denn sie kommen, da sollte frau sich nichts vormachen. Frau ist aber nicht alleine, sondern befindet sich, wenn sie sich aufmerksam umsieht, unter Gleichgesinnten, nämlich denjenigen, die auch so leben möchten. Auf diese Weise entsteht ein neues Wirgefühl, im Übrigen auch mit Männern. Es gibt nämlich durchaus auch solche, die sich über eine eigenständige Frau freuen, eine die sich über sich selbst definiert, sich ihrer selbst sicher ist und Widerspruch nicht als Kritik an ihrer Person empfindet. Es geht also nicht darum, irgendeinem neuen *Weiblichkeitswahn* hinterherzulaufen, sondern darum, einfach man beziehungsweise frau selbst zu sein.

Das Plus der Frauen

Frauen können denken und Zusammenhänge erkennen wie Männer, sie können in ihren Absichten genauso strategisch vorgehen wie Männer, sie können sich Ziele setzen und sie auch erreichen. Es gibt diesbezüglich keine weiblichen Defizite gegenüber männlichen Begabungen. Aber sie können mehr und das können nur sie: Es brennt eine Art Feuer der Zuneigung in den Frauen, das auf das *Du* ausgerichtet ist. Diese spezielle Wahrnehmung des anderen, das Erkennen von Gefühlen wie Freude, Leid oder Schmerz, das Mitfühlen mit der Kreatur ist ihnen angeboren. Es befähigt Frauen zu einem Maß an Zufriedenheit, das Männern verschlossen ist. Sie helfen und verstehen aus dem Herzen heraus und die Antwort des Gegenübers, die Freude und die Dankbarkeit dafür, schafft diese besondere Befriedigung, für jemanden oder für etwas gut gewesen zu sein.

Diese Hingabefähigkeit an das *Du* ist für Männer in diesem Maße beziehungsweise in dieser Qualität nicht erreichbar, aber sie haben gelernt, diese Fähigkeit für sich nutzbar zu machen: Frauen werden auf eine Art und Weise ausgebeutet, die für Männer eigentlich beschämend sein müsste, sie stellen es allerdings so dar, dass die Frauen abgewertet werden, ohne dass die Männer ein schlechtes Gewissen haben müssten. Nach Ansicht der Männer können Frauen nämlich nicht anders, als sich für andere zu verausgaben. Es liegt in ihrer Natur, sie seien quasi genetisch determiniert, wird unterstellt. Es ist jedoch ganz anders: Die Frauen entscheiden sich für diese Leistung. Sie können sie zwar erbringen, aber sie müssen es nicht; keine Genetik zwingt sie zu irgendetwas. Sie tun es freiwillig, weil sie die Unfähigkeit der Männer kompensieren müssen, denn ansonsten wäre die Welt unmenschlich, im wahrsten Sinne des Wortes. Sie machen es, obwohl die Wertschätzung ausbleibt, obwohl man sie deswegen sogar für dumm hält. Welcher Mann würde sich ohne Gegenleistung für andere verausgaben?

Viele Männer versuchen, sich an diese weibliche Fähigkeit intellektuell anzunähern, sie zu verstehen, aber ihre Empathie bleibt bruchstückhaft, weil das wirkliche Mitgefühl fehlt. Trotzdem ist es anerkennenswert, dass sie es versuchen, denn es zeigt natürlich einerseits indirekt die Wertschätzung der Frauen, andererseits ist dennoch bei vielen Männern Frauenverachtung spürbar. Warum das so ist, kann ich nur vermuten: Frauen sind durch ihre Liebesfähigkeit stärker und das ist einfach schwer auszuhalten für so manchen Mann, der immer und überall dominant sein möchte. In der Beziehung zu Frauen verwechseln Männer Liebe oft mit Begehren, aber das ist etwas ganz anderes. Es hat etwas mit Habenwollen zu tun und nicht mit Hingabe. Kindererziehung sowie Umgang mit Familie, Freunden und Nachbarn sind ohne Herzenswärme nicht denkbar. Hier strömt und fließt etwas aus Quellen, die Männern verschlossen sind. Daher kommt möglicherweise die Abwertung des Weiblichen: Die Trauben, die man nicht erreichen kann, werden für sauer erklärt. Gleichzeitig ist die Angst vor der Macht des Weiblichen – des Reichtums und der Fülle an Gefühlen – tief verankert bei den Männern: Angst sich auszuliefern, machtlos zu sein, die Kontrolle über das Innere zu verlieren.

Auch die weibliche Sexualität, wenn sie als Forderung daherkommt, macht Angst: Angst nicht zu genügen, mit anderen Männern verglichen zu werden, Angst vor Versagen, vor Kontrollverlust. Die leider immer noch stattfindenden Beschneidungen von Frauen zeigen dies überdeutlich.

Wo Männer schwach sind, sind Frauen stark. Daher kommt die Reduzierung der Frauen auf eben dieses Talent, die Hingabefähigkeit, die man sich nutzbar machen kann, indem man die Frauen ansonsten entmachtet. Sie hatten jahrhundertelang keine Rechte, kein Vermögen und waren männlicher Gewalt schutzlos ausgeliefert. Somit ist auch die Weiblichkeit Männersache. Die Frauen haben dem nichts entgegenzusetzen – hier herrscht in letzter Konsequenz das Recht des Stärkeren und damit die Gewalt – und solidarisieren sich deshalb eher mit Männern als mit anderen Frauen. Diese werden dann als Konkurrenz empfunden um die

Gunst eines begehrten Mannes, da frau eben gelernt hat, sich nicht über sich selbst, sondern über einen Mann zu definieren. In diesem Spiel gibt es keine Gewinner, denn eine abhängige Frau ist keine Partnerin und wenn sie unglücklich ist, kann ihr Partner nicht glücklich sein. Diese Zusammenhänge zu erkennen ist eine Sache, sie zu ändern eine andere.

Wenn eine Frau ihren individuellen Lebensweg gehen möchte, kann es passieren, dass sie die gesellschaftliche Zustimmung verliert. Die Frauen sehen sie schief an – Gefahr im Verzug, Angst um den Partner – und die Männer haben keinen Grund, sie zu umwerben, es gibt genug andere Frauen. Sieht sie gut aus, dann ist sie zumindest eine begehrte Beute, denn von einer unabhängigen Frau droht keine Gefahr, festgehalten zu werden – *mann* muss sich nicht anstrengen und sein Leben verändern. Eine starke Frau sollte das männliche Begehren nicht mit Liebe verwechseln, was sie leider allzu oft tut, sondern in diesem Fall besonders vorsichtig mit ihren Gefühlen umgehen. Die männliche Dominanz tut sich auf Dauer schwer mit einer starken Frau. Die berühmte *Augenhöhe* findet von der Frau aus betrachtet eher selten statt, trotz aller diesbezüglichen Beteuerungen der Männerwelt, wobei die männliche Definition von Augenhöhe noch aussteht …

Eine weitere Variante, mit starken Frauen umzugehen ist, dass *mann* es sich bequem einrichtet. Die starke Frau ist dann für alles zuständig, darf auch gerne recht behalten und sich entwickeln, ist aber im Gegenzug für alles verantwortlich. Echte Partnerschaft ist bei diesem Modell zwar Fehlanzeige, aber für die eine oder andere Frau ist es immer noch akzeptabler, als sich in die angestammte Frauenrolle quetschen zu müssen. Im Extremfall werden Männer zu Pantoffelhelden und Frauen zu Xanthippen. Das ist dann der umgekehrte Fall, der genauso wenig befriedigend ist wie die Unterwerfung der Frau. Das Problem in jeder Partnerbeziehung ist eben immer der Ausgleich. Wenn man die Gleichwertigkeit in der Begegnung erreichen möchte, dann müssen das zunächst beide wollen, es muss das erklärte gemeinsame Ziel sein. Guter Sex genügt nicht, sondern er ist das Sahnehäubchen einer guten Partnerbeziehung.

Das war immer schon so, auch wenn uns die Werbung und die Sexindustrie – Sex sells – das Gegenteil weismachen möchten, nämlich dass sich mit gutem Sex die Partnerprobleme quasi von selbst erledigen. Genau umgekehrt wird ein Schuh daraus. Man muss viel kommunizieren, viel verhandeln, sich in Toleranz üben, manche Kröte schlucken – das gilt für beide. Was bekommt man dafür? Im besten Fall ein gutes Lebensgefühl – und dafür lohnt es sich doch, den mühsamen gemeinsamen Weg zu gehen.

Die Welt wäre vollkommen und könnte sich jede Art von Sehnsucht nach Transzendenz ersparen, die eigentlich zum großen Teil nur Flucht aus der Wirklichkeit ist, wenn es die Menschen verstünden, ein gutes Leben für alle zu erschaffen, nicht nur in der Paarbeziehung. Die menschlichen Leidenschaften konterkarieren dies allerdings, allen voran das Habenwollen. Daraus erwachsen Gier, Neid und Dominanzbestrebungen und daraus wiederum entstehen Unterdrückung und Gewalt. Der freie Austausch von Gedanken und Gefühlen zwischen Menschen ist ein Luxus, denn man muss ständig auf der Hut sein. Schwäche zu zeigen kann unangenehme Folgen haben, denn das Gefühl einer immerwährenden Konkurrenz ist eine Grundhaltung in unserer individualisierten Gesellschaft, die auf Selbstoptimierung ausgerichtet ist und eben nicht auf Gleichwertigkeit. Wettbewerb setzt die Möglichkeit des guten Miteinanders, wie es eine offene Gesellschaft doch eigentlich implizieren sollte, außer Kraft. Es wird eingetrübt durch das sich gegenseitig Beobachten. Schwächen werden ausgenutzt, der Stärkere ist Sieger. Das angenehme Gefühl des reinen Seins kann sich so nicht einstellen. Dazu dient dann eventuell der Aufenthalt in der freien Natur oder auch die Hinwendung zu Haustieren.

Dies alles ist gut und heilsam, aber den Menschen zieht es dennoch zu seinesgleichen. Die Ergänzung und der Austausch mit einem *Du*, das seelenverwandt ist, beendet die Einsamkeit des Menschen und verschafft ihm ein Lebensgefühl des Angekommenseins. Das freie Spiel der unterschiedlichen Wahrnehmungen und Gedanken wäre für alle eine Bereicherung, denn hierbei könnte sich die ganze Vielfalt des Menschseins entfalten und jeder könnte davon profitieren. Wettbewerb ist eher männlich, ein gutes Miteinander eher weiblich.

Ein Ausgleich würde ein Menschheitsproblem lösen, sofern dies erkannt und gewollt wird.

Aber die Geschichte der Menschheit ist eine Geschichte der Macht. Fortschritte in Richtung mehr Humanität sind nur in kleinen Schritten möglich, weil in jeder Generation wieder der Kampf zwischen Macht und Mitgefühl neu entbrennt und immer wieder vom Mitgefühl gewonnen werden muss. Die Stärkung des Weiblichen könnte diesen Fortschritt beschleunigen, falls die Einsicht, dass es so ist, irgendwann einmal die Oberhand gewinnt und die Angst vor Verlusten aller Art – Macht, Ansehen, Bedeutung – nicht mehr das Handeln bestimmt.

Ich habe hier bewusst vom *Weiblichen* gesprochen, weil natürlich auch Männer damit gemeint sind, die die Sache der Humanität gegenüber der Macht vertreten. Sie sind – genauso wenig wie die Frauen – noch nicht die bestimmende Kraft der gesellschaftlichen Entwicklung. Sie könnten es aber im Verbund mit den Frauen werden, wenn sie aus dem Minderheitenbereich herauskämen. Ich denke, dass die Entwicklung in diese Richtung geht, die aber durch den Widerstand der Vertreter/innen des Hordendenkens ständig Gefahr läuft, gestoppt zu werden. Es sind die ewig Gestrigen, die glauben, dass früher alles besser war, ohne zu realisieren, dass es früher vielleicht für manche Privilegierte besser war, aber keineswegs für alle. Man muss diese Strömungen ernstnehmen, sie jedoch nicht überbewerten. Jede Krise bietet die Chance für eine positive Entwicklung und die Gefahr eines Rückfalls in die Barbarei (Starke gegen Schwache). Man muss eben wachsam sein und nicht die falschen Kräfte – die mit den einfachen Lösungen – unterstützen.

Die Welt der Esoterik –
eine weibliche Alternative?

Noch ein Wort zur weiblichen Nische *Esoterik und Ähnliches*. Auf der Suche nach sich selbst bietet sie sich geradezu an, um sich gegen das *Männliche* abzugrenzen. Die weibliche Intuition schafft sich per Einbildung manchmal Zugang zu einer behaupteten, aber unbewiesenen Welt, die bedeutungsschwer und geheimnisvoll die Wirklichkeit umwabert und auf eine Art Einfluss nimmt, die allenfalls erspürt werden kann, insbesondere von sogenannten *Eingeweihten*. Denn: Sobald man damit bedeutend sein und vor allem Geld verdienen kann, sind wieder mehr Männer an der mystischen Front zu finden.

Warum sind Frauen manchmal so entsetzlich naiv und gutgläubig und liefern sich einem *Guru* aus, der ihnen das Geld aus der Tasche zieht und sie von sich abhängig macht? Es geht natürlich um die Aufwertung der eigenen Person, die man sich wohl gerne etwas kosten lässt. Die Anerkennung, die einem die reale Welt versagt, ist im mystisch-esoterischen Bereich relativ einfach zu bekommen. Man/frau ist auf jeden Fall besonders und einzigartig, nimmt Dinge wahr, die andere nicht wahrnehmen, hat seinen bestimmten Schutzengel – der im Übrigen noch niemals gesichtet wurde –, einen bestimmten Halbedelstein, lässt sich von Farben Tönen und Düften in Stimmung versetzen, war eventuell in früheren Leben etwas Bedeutendes und fühlt sich – denn darum geht es letztendlich – anderen dadurch überlegen. Man kann jetzt aus seinem Fundus des Geheimwissens anderen Menschen gute Ratschläge erteilen, kann gar zu einer Art *Miniguru* avancieren. Die eigenen Lebensprobleme – denn davon gibt es in der Regel jede Menge – bekommt man dadurch natürlich nicht gelöst, aber man hat eine Rückzugsmöglichkeit, die einem guttut.

Die traditionellen Religionen üben auf manche Frauen eine ganz ähnliche Wirkung aus. Man hat Zugang zu einem *Gott,* der einen versteht, den man um etwas bitten kann, dem man opfern (bestechen) kann und der einen niemals infrage stellt. *Gott liebt dich so, wie du bist.* Wie schön, wenigstens einer, der das tut, der alles verzeiht und vor dem man sich nicht rechtfertigen muss. Natürlich sind gerade Frauen anfällig für so ein System, bei dem fast immer ein Mann an der Spitze steht. Würden alle selbstbestimmt leben können, hätten Esoterik und Religion deutlich weniger weiblichen Zulauf.

Ich finde es übrigens gut, dass Frauen diese Möglichkeit der Zuflucht haben. Sie tut ihnen gut und ist heilsam, aber sie ist eben auch ein Symptom für eine Bedürftigkeit, die einer gesellschaftlichen Ungleichheit geschuldet ist. Gerade weil in dieser Scheinwelt nichts bewiesen werden kann, alles erspürt werden muss, fühlen sich die meisten Männer davon ausgeschlossen. Sie sind sich folglich unsicher auf diesem Gebiet und geben den Frauen damit eine gewisse Stärke und Unnahbarkeit. Sie halten die Frauen deshalb zwar für unbegreiflich und seltsam, sollten aber in einer stillen Minute einmal darüber nachdenken, ob sie nicht Mitverursacher dieses Phänomens sein könnten. Denn der Hang zur Esoterik und ähnlichen Scheinwelten resultiert aus dem Wunsch, ein eigenes Reich zu haben, in dem man sich ohne männliche Beurteilung als individuelle Persönlichkeit erleben kann. Echte Spiritualität, als *Geistigkeit* verstanden, ist etwas ganz anderes und sowohl Frauen als auch Männern zugänglich, das sei nur zur Ergänzung gesagt.

Das von den Männern angemaßte Recht, über alle weiblichen Lebensäußerungen befinden zu können, bestimmt unsichtbar die weibliche Wahrnehmung. Was *mann* für gut befindet, ist gut, und was *mann* ablehnt, wird abgewertet, es sei denn, es handelt sich um eine weibliche Domäne, um die man dann einen großen Bogen macht. Aber selbst da kann man sich nie ganz sicher sein, man denke nur an die Geschichte der Gynäkologie, die doch eigentlich der ureigene weibliche Bereich sein sollte. Selbst hier wurde den Frauen eingeredet, dass die Männer das besser verstünden. Die Frauen nehmen es sozusagen mit der Muttermilch auf, dass sie die negative Abweichung der männlichen Standards seien. In allem schwingt eine Abwertung des weiblichen Seins mit, wenn es um Autarkie und Selbstbestimmung geht.

Bei den Bereichen, die den Männern wichtig sind, sieht es dagegen ganz anders aus: Frau sieht toll aus (ist gut im Bett!), ist eine gute Mutter (der Mann kann sich aus der Erziehung heraushalten), kann hervorragend kochen (bequem und angenehm), hat den Haushalt im Griff (Mithilfe nicht nötig), pflegt hingebungsvoll die Angehörigen (ist kostengünstig und tangiert Männer nur am Rande) und so weiter. Aber vielleicht hat die Frau ganz andere Interessen und sieht diese *weiblichen Domänen* nur als Verpflichtung, die man auch teilen könnte?

Vielleicht möchte sich die Frau lieber anderweitig verwirklichen? Sie bewegt sich dann aus der männlich definierten Frauenrolle, über die sie sich eigentlich klaglos selbst definieren sollte, hinaus und befindet sich zügig in den männlichen Domänen, in denen männliche Standards herrschen. Das macht die Sache dann schwierig. Frauen die Firmen gegründet und sie erfolgreich geführt haben oder Frauen die zu ihren Lebzeiten als Künstlerinnen anerkannt werden, sind selten. Männer verhandeln am liebsten mit Männern, Männer verfügen über die monetären Mittel und kaufen am liebsten männliche Kunst. Es ist schwierig und es bleibt schwierig – man sollte sich da nichts vormachen. Trotzdem sollte jede Frau daran arbeiten, ihr persönliches weibliches Selbstverständnis zu leben und Abwertungen nicht stillschweigend hinunterzuschlucken, sondern Kontra zu geben. Das tut ihr selbst gut, das tut der gesellschaftlichen Entwicklung gut und ist Vorbild für andere.

Man sollte es sich abgewöhnen, darüber nachzudenken, was andere von einem denken könnten. Man erfährt das sowieso nicht und es ändert sich auch beizeiten wieder. Wer sich allerdings mutig äußert, wird – stillschweigend – genau deswegen geachtet. Man sollte jedoch lernen, seine Emotionen zu steuern, bevor man sich äußert. Das wirkt authentisch und man wird ernstgenommen. Was man sagt, sollte klar, verständlich und nachvollziehbar sein, Stichwort *Transparenz*. Man kann das üben – jede Frau ist dazu in der Lage.

Schluss

Was bleibt einem als Individuum zu tun, der man diese Zusammenhänge zwar erkennt, aber für sich keine Möglichkeit des Eingreifens oder Steuerns sieht? Vielleicht sollte man nicht zu groß denken. An der Stelle, an der man steht, lässt sich eventuell auch etwas bewegen. Ich selbst habe dieses Essay geschrieben, weil es mir liegt, mich auf diese Weise einzubringen. Eigentlich habe ich es für mich geschrieben, werde es jedoch veröffentlichen, damit jeder, der sich dafür interessiert, Zugang dazu bekommt. Manchmal genügt es, im entscheidenden Moment Haltung zu zeigen, mit dem Finger auf Ungerechtigkeiten zu deuten oder Stellung zu nehmen.

An mutigen Frauen und Männern, die sich für die Belange anderer einsetzen, herrscht immer Mangel. Man kann diese Themen im Freundeskreis diskutieren. Man kann den eigenen Partner dafür sensibilisieren. Man kann die eigenen Kinder entsprechend erziehen. Man kann sich in der Öffentlichkeit einbringen – von der Arbeit für eine Partei oder die Kirche bis zum Schreiben eines Leserbriefes. Last not least kann und muss man für sich selbst kämpfen, für das Wahrgenommenwerden – aus Gründen der Selbstachtung und weil man ein Beispiel für andere sein kann. Wenn die Frauen und die einsichtigen Männer gemeinsam handeln, wird sich etwas ändern.

Natürlich benötigt die Gesellschaft Konventionen und Übereinkünfte, da ansonsten Chaos herrschen würde. Diese sollten jedoch so weit gefasst sein, dass es immer und für jeden möglich ist, zutiefst man selbst zu sein. Man muss es üben, die Angst davor zu überwinden – die Angst anzuecken, nicht mehr dazuzugehören – und dann wird man spüren, wie wohltuend das ist, wie sehr sich die Seele dabei entspannt. Die Chance, gleichgesinnte Menschen kennenzulernen, steigt mit dem Leben des eigenen Selbstverständnisses, das sollten Männer wie Frauen nicht vergessen, es wäre nämlich der Königsweg zu einem besseren Leben. Man muss ihn aber eben auch gehen, zumindest als kleinste gemeinsame Einheit, als Paar, wobei dieses Ziel auch schon eine Größenordnung erreicht, die nicht jeder schafft: Männer versuchen immer noch viel zu oft, das weibliche Plus zu unterdrücken, durch Abwertung und Übergriffigkeit, oder wollen es verkrampft bei sich selbst verwirklichen, was zu einem ziemlich grotesken und defizitären Mannsein führen kann, denn einen weiblichen Mann möchte wirklich niemand.

Respekt und Achtung vor dem Weiblichen durch die Männer, ohne sich dabei unterlegen zu fühlen, und kein Missbrauch des Weiblichen durch die Frauen, um sich Männer gefügig zu machen – so könnte man sich das vorstellen. Druck erzeugt Gegendruck. Unterdrückte Frauen wehren sich auf ihre Weise und manipulierte Männer tun dies ebenfalls. Wechselseitige Akzeptanz und Toleranz – wie einfach und wie schwierig das doch ist. Natürlich gelingt das immer wieder, aber nach meiner Ansicht viel zu selten. Ohne Empathie gibt es keine Menschlichkeit, keine Weiterentwicklung der Humanität. Die Frauen müssen lernen, ihre weibliche Stärke viel überzeugender zu leben. Sie dürfen sich nicht stillschweigend abwerten oder einschüchtern lassen und sich kleinmachen vor den männlichen Dominanzbestrebungen. Das Gegenüber zu verunsichern und infrage zu stellen gehört zum Dominanzprogramm dazu, das sollte man wissen.

Welche Strategien man als Frau auch immer anwendet, um sich zu behaupten, man muss dranbleiben und Kampfgeist entwickeln, sonst wird man nicht respektiert. Die Motivation dafür sollte nicht nur der eigene Selbstwert sein, sondern auch das Bewusstsein dafür, dass man stellvertretend für sein Geschlecht handelt und dass man andere dazu ermutigen kann, ähnlich zu handeln.

FSC
www.fsc.org
MIX
Papier | Fördert
gute Waldnutzung
FSC® C083411

Zeitfracht Medien GmbH
Ferdinand-Jühlke-Straße 7
99095 Erfurt, Deutschland
produktsicherheit@kolibri360.de